Alfons Weiser
Zentrale Themen des Neuen Testamentes

Alfons Weiser

Zentrale Themen des Neuen Testamentes

Eine Hinführung zum Verständnis
der biblischen Botschaft

Verlag Ludwig Auer Donauwörth

2., durchgesehene Auflage. 1982

Gesamtherstellung: Druckerei Ludwig Auer, Donauwörth
ISBN 3-403-00**895**-9

Gewidmet meinem Heimatpfarrer

ROCHUS BERNATZKY

zu seinem Goldenen Priesterjubiläum.

Tief verwurzelt im überlieferten Glauben der Kirche,
offen für die Fragen der Gegenwart,
suchend nach Wegen in die Zukunft
leitete er die St.-Josefs-Gemeinde
in Wölfelsgrund/Schlesien 1936–1947.

Vorwort

Seit einigen Jahren liegen neue Lehrpläne für den katholischen Religionsunterricht der Schuljahre 5-10 vor (u. a. der „Zielfelderplan") und weitere sind im Entstehen. Bei Lehrern, Lehramtskandidaten und Eltern besteht ein reges Interesse dafür, sich mit den Themen der neuen Lehrpläne vertraut zu machen. Lehrer, deren Ausbildung schon Jahre oder Jahrzehnte zurückliegt, wissen, daß die neueren Erkenntnisse der Theologie sich gerade auch in der Religionspädagogik niederschlagen. Sie suchen nach Orientierungshilfen, die es ihnen ermöglichen, sich in der veränderten theologischen Landschaft zurechtzufinden und den Zugang zu ihr auch den Schülern zu vermitteln.

Lehramtskandidaten halten zur Zeit vergeblich Ausschau nach einer den neuen Lehrplänen entsprechenden Darstellung der neutestamentlichen Themen. Eltern und interessierte Laien sehen sich aufgrund dessen, was sie selbst im Religionsunterricht einmal gelernt haben, oft nicht in der Lage, mit Kindern und Jugendlichen ein Gespräch über Fragen des Glaubens zu führen, geschweige denn zu helfen. Sie stehen oft verständnislos vor dem, was Kinder aus ihrem heutigen Religionsunterricht daheim erzählen.

Dem angedeuteten Bedürfnis möchte das vorliegende Buch Rechnung tragen. Es bietet in konzentrierter Form eine Sachinformation über zentrale Themen der neutestamentlichen Botschaft. Dadurch will es eine notwendige Voraussetzung für die sachgemäße Vermittlung des neutestamentlichen Glaubensgutes im Religionsunterricht und der religiösen Erwachsenenbildung schaffen.

Angeregt wurde das Buch durch Herrn Professor Dr. Fritz Weidmann. Wertvolle praktische Hinweise ergaben sich aus der Zusammenarbeit mit Lehrern, Studenten und in der Erwachsenenbildung. Unterstützt wurden alle Bemühungen durch die sorgfältige und zügige Drucklegung im Verlag Ludwig Auer, Donauwörth. Allen sage ich herzlichen Dank.

Alfons Weiser SAC

I. Das Neue des Evangeliums

Das lateinische Wort Evangelium heißt „gute Botschaft". Es ist ein Fremdwort aus dem Griechischen. Christen des 1. Jahrhunderts griffen es auf, um mit ihm die Botschaft von und über Jesus zu bezeichnen. Die Botschaft *von* Jesus meint das, was Jesus selbst in Israel verkündet hat; die Botschaft *über* Jesus meint die nach Ostern einsetzende Verkündigung der Christen, daß seine Person, sein Wort und Wirken, sein Leben, Sterben und Auferstehen Bedeutung haben für das Heil der Menschen. Worin besteht das Neue, das mit Jesus und seiner Botschaft angebrochen ist?

1. Das Reich Gottes beginnt

Der Evangelist Markus versucht in der ältesten uns erhaltenen Evangelienschrift, das Wesentliche der Botschaft Jesu in die Aussage zusammenzufassen: Jesus verkündete: „Die Zeit ist erfüllt. Naheherbeigekommen ist die Herrschaft Gottes. Kehrt um und glaubt an die Heilsbotschaft!" (Mk 1, 15). Mit dem alttestamentlich-jüdischen Ausdruck Herrschaft Gottes ist gemeint, daß Gott sein Königtum, sein Herr-sein zum Heil der Menschen aufrichte. Die jüdischen Zeitgenossen Jesu waren davon überzeugt, daß Gott in Israel schon unter denen herrschte, welche die Tora, seine Weisung für das Leben, beachteten; man wartete aber noch darauf, daß er später einmal seine Herrschaft machtvoll vor allen Menschen erweisen werde. Obwohl Jesus den Begriff Herrschaft und Reich Gottes aus der alttestamentlich-jüdischen Überlieferung aufnimmt und zum Schlüsselwort seiner Botschaft macht, füllt er ihn doch im Unterschied zum Verständnis seiner Zeitgenossen in zwei entscheidenden Punkten mit neuem Sinn. Er sagt nicht: *später* wird Gott einmal seine Herrschaft vor allen und für alle aufrichten; sondern er ruft aus: es geschehe bereits *jetzt*. *Jetzt,* in Jesu Wirken, breche sich Gottes heilschaffende Herrschaft bereits in dieser Welt Bahn, *jetzt* beginne sie sich zu verwirklichen. Was unter Herrschaft Gottes dabei zu verstehen ist, wie sie ankommt und wem sie gilt, wird nur deutlich, wenn wir auf Jesu Verhalten und Wirken schauen und uns seine Worte anhören. Dabei zeigt sich der zweite wesentliche Unterschied zur zeitgenössischen Auffassung:

2. Jesus verkündet den Armen die Frohe Botschaft

Er sagt die Teilhabe an der Herrschaft und dem Reich Gottes nicht nur denen zu, die die Weisungen Gottes in sorgfältigem Tora-Studium genau kennengelernt haben und bemüht sind, sie genauestens zu befolgen. Er sagt sie auch nicht den Wohlhabenden zu, deren Wohlstand nach jüdischer Vergeltungsauffassung als Segen Gottes galt. Sondern Jesus macht gerade denen Mut, die keine Hoffnung haben. Ein besonders wichtiger Text, der *diesen* Grundzug der Verkündigung Jesu verdeutlichen kann, ist der Anfang der „Bergpredigt". Der Evangelist Lukas hat uns die Grundgestalt der Worte Jesu am besten bewahrt:

> „Selig ihr Armen, denn euer ist das Reich Gottes.
> Selig ihr Hungernden, denn ihr werdet gesättigt werden.
> Selig ihr Weinenden, denn ihr werdet lachen" (6, 20 f.).

Diese drei ersten Seligpreisungen gehören nach Inhalt und Form ganz eng zusammen. Jesus spricht nicht drei verschiedene Menschengruppen je gesondert an. Armut, Hunger, Trauer sind vielmehr nur verschiedene Kennzeichnungen ein und derselben Menschengruppe: der Zu-kurz-gekommenen. Ihnen wird – entgegen aller menschlichen und auch jüdisch-religiösen Auffassung – das Heil zugesagt. Eine unerhörte Botschaft und die Aufrichtung einer Hoffnung für die, die als unbedeutend, abgeschrieben, hoffnungslos galten!
Die Notsituation der Seliggepriesenen umfaßt nicht nur wirtschaftliche Armut. Sie bezieht sich nicht nur auf das Haben oder Nicht-haben materieller Güter. Der Begriff „arm" hat im biblischen Sinn eine umfassendere Bedeutung. Dem entspricht wohl auch, daß die erste Seligpreisung überhaupt den Armen gilt: sie umfaßt schon mit, was in den beiden folgenden nur noch verdeutlichend, aber im Grunde die gleiche Wirklichkeit meinend, ausgesagt wird.

Wenn wir fragen, wo heute die Seliggepriesenen zu finden sind, so reicht die Skala von den Armen in den Slums der Weltstädte, den Hungernden und Verhungernden der Dritten Welt, den Weinenden, die den Tod des Gatten, Vaters oder Bruders beklagen, bis hin zu unseren „ganz normalen" Lebensverhältnissen, wo Menschen an der ständigen Begrenztheit leiden und ihr Angewiesensein und ihre Abhängigkeit so erfahren, daß sie dabei nicht zur Ruhe kommen.

Der Arme ist abhängig: Er braucht Arbeitgeber, Brotherren, Arbeitskameraden. Zu seinen Erfahrungen gehört, daß er, um das Leben bestehen zu können, mit anderen Kontakt halten muß. Der Arme weiß sich angewiesen auf Nachsicht, auf Vergebung, auf Versöhnung, auf die Chance des Neuanfangs. Weil er es sich nicht leisten kann, den Plackereien des Daseins aus dem Wege zu gehen und sich abzusetzen von unangenehmen Leuten, weil er auszukommen hat mit seinesgleichen, auf engem Lebens- und Arbeitsraum, bekommt er auch die Last der Fehler und Gebrechen seiner Mitmenschen wie seiner eigenen Unzulänglichkeiten jeden Tag zu spüren. Der Arme kann sich vor dem Leid und der Not des Daseins nicht drükken. So erlebt er ständig „die Welt und den Menschen in ihrer Hinfälligkeit und Vergänglichkeit" (Spaemann).

Die Armut, die Jesus seligpreist, hat tausendfache Gestalt. Sie ist der Inbegriff der Situationen, in denen der Mensch sich als unerfülltes, ja leeres Wesen, als unzufrieden mit den gegenwärtigen Verhältnissen – mit sich selbst, der Umwelt und mit Gott – erfährt und darunter leidet. Armut, Hunger, Trauer reichen von den schrecklichen Notsituationen gegenwärtiger Kriegsherde bis zu der sublimen oder banalen, und vielleicht gerade deshalb so belastenden Qual des Erlebens der Alltäglichkeit und Unzulänglichkeit in unserem eigenen Leben. Vielleicht gehören zu den Trauernden heute auch die, denen durch schwere Lebensverhältnisse oder bittere Enttäuschung – an Menschen, an der Kirche, an Priestern – der Glaube an Gott zerbrochen oder anders gesagt: Gott gestorben ist.

Inwiefern kann Jesus diesen Menschen gratulieren? Wie kann er sagen, daß gerade sie das Reich Gottes empfangen, satt werden und einst lachen können? Es handelt sich weder um eine unsinnige Idealisierung der Armut: „Freut euch, wenn ihr

hungert!“ noch um eine Vertröstung aufs Jenseits, sondern um eine Zusage, für die sich Gott verbürgt und die sich schon hier und jetzt zu verwirklichen beginnt.
Das ergibt sich daraus, daß Gott als der Handelnde in diesen Verheißungssätzen gemeint ist. Gott wird dafür sorgen, daß die Armen nicht in ihrer Armut bleiben. Er steht auf ihrer Seite. Daß auch dies nicht nur ein schönes Gerede ist, wird deutlich, wenn man bedenkt, *wie* Gott in der Welt wirkt: Im *Wirken Jesu* zeigt sich, daß Gott das Heil des ganzen Menschen *will*, es auch wirklich geben *kann* und tatsächlich schon *anbrechen* läßt (man denke an Heilungen, Tischgemeinschaft mit Sündern).
Gott wirkt in der Welt *nicht anstelle* der Geschöpfe, sondern durch sie. Was Gott in der Welt tut, gibt er den Menschen zu tun. Für unseren Zusammenhang bedeutet das: Gott sanktioniert nicht die bestehenden Verhältnisse von Armut, Hunger, Trauer. Er hat dem Menschen Fähigkeiten gegeben, die unmenschlichen Verhältnisse von Armut, Hunger, Trauer und Sünde zu verbessern. Es wird in dem Maße geschehen, in dem der Mensch mit Gottes Hilfe zu seiner eigenen Menschwerdung und zur Verwirklichung des Menschenbildes beiträgt, zu dem er durch die Schöpfungsordnung Gottes berufen ist. Noch ein weiterer Grund macht Jesu Seligpreisungen verständlich: Durch Jesus selbst ist ein so starker Impuls in Richtung menschenwürdigen Lebens ausgegangen (z. B. das Liebesgebot) und in Jesus selbst schon verwirklicht worden, daß die Hoffnung auf gewandelte Verhältnisse in dem von Gott herbeigeführten Vollendungszustand menschlicher Geschichte keine Utopie mehr ist.
Kurz: Daß Armen gratuliert werden kann und ihnen in diesem Glückwunsch die Änderung ihrer Verhältnisse kraft göttlichen Eingreifens zugesagt wird, ist *deshalb* kein ohnmächtiges und utopisches Unterfangen, *weil* die Verheißung im Wirken Jesu sich schon zu realisieren begann und Gott ja bereits jetzt schon durch liebende, einsatzbereite Menschen das Los der Armen zu wenden, Hungernde zu sättigen und Weinende zu trösten, begonnen hat. Die Evangelisten künden: Gott wird das anfanghaft vorhandene Heil vollenden.
Zusammenfassend läßt sich deshalb sagen: Reich Gottes ist

weder gleichzusetzen mit Kirche, noch mit Himmel nur im Sinne von Jenseits, noch mit einem bestimmten gesellschaftlich-politischen Ordnungszustand; sondern es ist die von Gott herbeigeführte Vollendungsgestalt des Heiles für alle Menschen, das durch Jesus Christus schon anfanghaft verwirklicht wurde. Das Neue des Evangeliums ist dementsprechend auch nicht eine „neue Lehre“, sondern eine Person: Jesus Christus, durch dessen Wort und Wirken Gott den Menschen neue Wege zum Heil eröffnet.

3. Jesus streitet sich mit den Gerechten

Der fromme Jude zur Zeit Jesu war bemüht, nicht nur Gottes Weisungen in Form der „10 Gebote“ zu beachten, sondern darüber hinaus auch die im Laufe der Zeit durch Auslegung hinzugewachsenen 613 Einzelvorschriften. Sie setzten sich zusammen aus 248 Verboten, nämlich so vielen, wie nach damaliger Auffassung der Mensch Knochen im Leib habe, und 365 Geboten, nämlich so vielen, wie es Tage im Jahr gibt. Man hatte auf diese Weise einen „Zaun um die Tora“ gemacht, um sich vor wirklichen Überschreitungen des göttlichen Gesetzes zu bewahren. Die Berechnung, was genau im Einzelfall zu tun, was noch erlaubt oder bereits gefährlich sei, war notwendige Folge des Gottesbildes, wie es in der Zeit Jesu die führenden Kreise des Judentums beherrschte. Zu den Konturen dieses Gottesbildes gehörten freilich auch Güte und Vergebungsbereitschaft, aber es war doch in erster Linie geprägt vom Gedanken der Gerechtigkeit: Gott vergilt dem Menschen Gutes durch Belohnung, Böses durch Strafe. Verzeihung und Erbarmen gewährt Gott, nachdem der Mensch Werke der Umkehr vorzuweisen und in die Waagschale zu werfen hat. Ein umfassendes System menschlich-religiöser Leistung und Berechnung einerseits und göttlich-gerechten Abrechnens mit dem Menschen andererseits kennzeichnete das religiöse Denken der jüdischen Zeitgenossen Jesu. Wer das Gesetz Gottes nicht lernen konnte, galt als heilloser Sünder; denn er war ja auch nicht in der Lage, gottgefällig, d. h. dem Willen Gottes gemäß, wie er sich im Gesetz ausdrückte, zu leben. Zwischen den

„Gerechten“ und den „Gesetzlosen“, zwischen den „Frommen“ und den „Sündern“ bestand eine tiefe Kluft, die auch im alltäglichen privaten und öffentlichen Leben eine große Rolle spielte. Die Gesetzeskundigen mieden z. B. jeden Kontakt mit den Gesetzlosen, um sich nicht zu verunreinigen.
Jesus mußte mit den Vertretern derartiger Auffassungen in Konflikt kommen. Die Gegnerschaft ließ auch nicht lange auf sich warten. Jesus achtete nicht die Barrieren, die zwischen den Gesetzesfrommen und den Gesetzlosen aufgebaut waren. Er pflegte Tischgemeinschaft mit Zöllnern und Sündern. Das bedeutete sehr viel: Durch die menschliche Gemeinschaft mit ihnen richtete er diese Menschen wieder auf. Er gab ihnen Hoffnung. Er erweckte in ihnen den Mut, neu zu ihrem Leben ja zu sagen. Durch die Tischgemeinschaft drückte er zeichenhaft aus: gerade sie sollen Anteil an der Mahlgemeinschaft des Gottesreiches erhalten. Er bot ihnen Gottes Vergebung und Heil an, ohne menschliche Vorleistungen zu fordern. Das heißt keineswegs, Jesus habe von uns Menschen nichts verlangt. Es will aber sorgfältig beachtet sein, welchen *Stellenwert* die sittlichen Forderungen Jesu haben (vgl. dazu S. 25). So galt Jesus als „Freund der Zöllner und Sünder“ (Mt 11, 19). Seine Zuneigung zu ihnen ergab sich aber nicht etwa aus anormaler Veranlagung, aus Sympathie für Dekadenz, aus Gesetzesfeindlichkeit oder eigener Schwäche, sondern aus seiner Auffassung von Gott als dem unbegreiflichen gütigen, entgegenkommenden Vater. Jesu Botschaft und Verhalten hatte eine sich immer mehr zuspitzende Gegnerschaft der führenden Kreise zur Folge. Sie brachte Jesus in den Tod.

4. Jesusworte

Unmittelbar mit dem Gottes*bild* Jesu und seiner Zuwendung zu den religiös Hoffnungslosen hängt auch die Originalität seiner Auslegung des Gottes*willens* zusammen. Sie findet sich etwa in Aussagen wie: „Der Sabbat ist für den Menschen da, nicht der Mensch für den Sabbat“ (Mk 2, 27). „Ihr setzt durch die Überlieferung, die ihr euch selbst geschaffen habt, Gottes Gebot außer Kraft“ (Mk 7, 13). – „Ihr laßt das Wichtigste am

Gesetz beiseite: das Recht, die Barmherzigkeit und die Treue“ (Mt 23, 23). Jesus zögert nicht, seinen „gesetzestreuen“ Gegnern sogar zu sagen: „Zöllner und Dirnen gelangen eher in das Reich Gottes als ihr“ (Mt 21, 31). Derartigen Aussagen liegt eine total andere Auffassung über das Verhältnis Gott-Gesetz-Mensch zugrunde als im Judentum zur Zeit Jesu. Angesichts der erdrückenden Fülle von Einzelvorschriften, um deren Einhaltung sich der fromme Jude bemühte, betonte Jesus immer wieder: Nur eines ist wichtig: Nicht nur um sich selbst zu kreisen, sondern sich in echter Liebe der Zuwendung Gottes und dem Anspruch des Mitmenschen zu öffnen.

Jesu Worte sind meist derart, daß sie die Menschen, zu denen sie gesprochen sind, selbst unmittelbar angehen und sie persönlich betroffen machen. Jesus gibt keine neutralen oder theoretisch-systematischen Abhandlungen über irgendwelche Fragen seiner Zeitgenossen. Wird seine Meinung zu bestimmten Problemen erfragt, so antwortet er in einer Weise, daß die Fragenden selbst zu einer viel tieferen Besinnung geführt und zu einer sie persönlich betreffenden Stellungnahme herausgefordert werden: Auf die Frage nach der Terminberechnung für die Endzeit antwortet er: nicht die Berechnung ist wichtig, sondern die Tatsache, daß das Reich Gottes schon „mitten unter *euch*“ ist und ergriffen werden muß (Lk 17, 21). Den begeistert über ihre Erfolge zurückkehrenden Jüngern sagt er: „Nicht darüber freut euch, daß euch die Geister untertan waren! Freut euch vielmehr darüber, daß *eure* Namen im Himmel eingeschrieben sind“ (Lk 10, 20)! Auf die Bitte eines Mannes, ihm beim Durchsetzen seines Erbrechtes zu helfen, antwortet Jesus: „Wer hat mich zum Richter oder Erbteiler über euch gesetzt? ... Habt acht und hütet *euch* vor aller Habsucht! Denn selbst, wenn jemand Überfluß hat, so ist sein Leben doch dadurch noch nicht gesichert“ (Lk 12, 25). Die verfängliche, politischer Zwietracht entstammende Frage nach der Kaisersteuer wendet er in seiner Antwort so, daß sie die Fragenden selbst „betroffen“ macht und das Problem auf eine ganz andere Ebene hebt: „*Gebt* dem *Kaiser*, was dem Kaiser – und *Gott*, was Gott gehört!“ (Mk 12, 17). Ähnlich geschieht es, als man Jesus berichtet, Pilatus habe einige aufständische Galiläer umbringen lassen. Jesus hält sich nicht bei einer „po-

litischen“ Beurteilung des Falles auf, sondern sagt: „Meint ihr vielleicht, diese Galiläer seien, weil sie dieses Los erlitten, größere Sünder gewesen als alle anderen Galiläer? Nein, sage ich euch, vielmehr werdet *ihr alle* genauso umkommen, wenn *ihr* nicht umkehrt“ (Lk 13, 2). Oder man denke daran, wie er auf die Frage „Herr, sind es nur wenige, die gerettet werden?“ antwortet: „Müht *ihr* euch, durch die enge Pforte hineinzukommen!“ (Lk 13, 23).
Die Beispiele zeigen, wie Jesus dazu anleitet, inmitten des Unbedeutsamen das Bedeutsame zu erkennen, Wesentliches von Unwesentlichem zu unterscheiden und zu erfahren, wo und wie auch Belangloses belangvoll werden kann. Er schärft den Blick und weckt das Erahnen für die Tiefendimensionen der Wirklichkeit.

5. Die Worte Jesu gelten weiter

Das trifft in einem doppelten Sinne zu: Jesu Worte behielten ihre Geltung über seinen Tod hinaus zunächst im *Urchristentum* und sodann weiterhin durch die Geschichte der Kirche bis *in unsere Zeit*, und sie werden auch in der Zukunft ihre Geltung nicht verlieren.
Daß die Worte des irdischen Jesus im Urchristentum noch so hochgeschätzt und als Grundweisung christlicher Lebensgestaltung erachtet wurden, ist keine Selbstverständlichkeit. Bereits im 1. Jahrhundert meinten manche Gruppen, die Offenbarungen, die der auferstandene Herr gewähre, seien wertvoller als die Worte des irdischen Jesus. Manche Kreise, z. B. die Gnostiker, wußten sich im Besitz der Erkenntnis besonderer Geheimnisse Gottes. Sie führten sie auf Kundgabe durch den auferstandenen Christus zurück. Die neutestamentlichen Zeugnisse lassen dagegen durchweg die Hochschätzung der Worte des irdischen Jesus erkennen. Das zeigt sich schon daran, daß man von Anfang an Worte Jesu weitersagte und nach Jesu Tod und Auferstehung sie verkündigte, sie dann zu sammeln und schließlich aufzuschreiben begann. Die Evangelisten haben solche schriftlichen Zusammenstellungen der Worte Jesu bereits benutzt. An manchen Stellen des Neuen

Testaments wird ausdrücklich gesagt, daß das, was der Auferstandene offenbart, nichts anderes ist als das, was der irdische Jesus bereits aufgetragen hatte. Ausdrücklich heißt es am Anfang der Apostelgeschichte, daß der Auferstandene zu seinen Jüngern „über das Reich Gottes" sprach – d. h. über nichts anderes, als das, was schon vom irdischen Jesus verkündet worden war. Am Schluß des Mattäusevangeliums weist der Auferstandene die Jünger an: lehrt die Menschen „alles befolgen, was ich euch aufgetragen habe!"

Freilich heißt das nicht, daß der urchristliche Überlieferungsprozeß nur in der *wortgetreuen* Weitergabe der Worte Jesu bestand. Es war ein viel lebendigeres, vom Geist des Auferstandenen geleitetes Geschehen. Die Worte Jesu wurden immer wieder neu auf ihren Sinn für je neue Situationen der Gemeinden und einzelner Christen befragt und daraufhin angewandt. Ein kleines, aber treffendes Beispiel dafür ist das Wort vom Kreuztragen: In seiner ursprünglichen Gestalt heißt es: „Wer mir nachfolgen will, der nehme sein Kreuz auf sich" (Mk 8, 34). Jesus hatte mit diesem Wort tatsächlich die Martyriumsbereitschaft vom engsten Kreis derer, die ihm folgten, verlangt. Der Evangelist Lukas wendet das Wort auf die Alltagssituation des christlichen Lebens mit seinen ständigen Belastungen an. Er versteht den Ausdruck „Kreuztragen" im übertragenen Sinn. Das geht eindeutig aus der kleinen Zufügung hervor, die Lukas an der Formulierung vorgenommen hat, wie sie aus Mk 8, 34 auf ihn kam. Bei Lk 9, 23 heißt das Jesuswort: „Wer mir nachfolgen will, der nehme *täglich* sein Kreuz auf sich." Lukas hat das Jesuswort für das *tägliche* Leben der Christen aktualisiert.

Derartige Umgestaltungen sind im urchristlichen Überlieferungsprozeß immer wieder vorgenommen worden. Sie begegnen uns in den Evangelien auf Schritt und Tritt. Dennoch sind sie nicht im geringsten Verfälschungen der Jesusbotschaft. Sie zeigen vielmehr, wie sein Wort lebt, immer wieder Leben erweckt und heilsame Veränderung schafft. Die urchristlichen Gemeinden erkennen darin die Gegenwart des Auferstandenen und seines heilschaffenden Geistes, der immer tiefer „in die volle Wahrheit einführt" (Joh 16, 13).

Auch in unserer Zeit sind Jesu Worte nicht überholt. Sie

bieten zwar keine direkten Handlungsanweisungen für den Einzelfall und schon gar nicht Rezepte oder Patentlösungen für die gesellschaftlichen Probleme, die sich heute stellen. Aber sie vermögen das Bewußtsein und die Erfahrung des „Urvertrauens“ zu fördern, nämlich der Geborgenheit des Lebens in Gott, und sie geben die Grundrichtung an, in der die Gestaltung und die Erfüllung menschenwürdigen Lebens für den einzelnen und die Gesellschaft zu suchen und zu finden ist.

Benutzte und weiterführende Literatur

Eichholz G.: Auslegung der Bergpredigt. Neukirchener Verlag, 2. Aufl. 1970

Flender H.: Die Botschaft Jesu von der Herrschaft Gottes. Kaiser, München 1968

Knörzer W.: Die Bergpredigt. Kathol. Bibelwerk, Stuttgart 1968

Merklein H.: Die Gottesherrschaft als Handlungsprinzip. Echter-Verlag, Würzburg 1978

Müssle M., (Hrsg.): Der „politische“ Jesus. Seine Bergpredigt. Pfeiffer, München 1969

Pesch R.: Das Markusevangelium, I. Teil. Herder, Freiburg/Basel/Wien 1976

Schnackenburg R.: Gottes Herrschaft und Reich. Herder, Freiburg/Basel/Wien, 3. Aufl. 1963

Schürmann H.: Das Lukasevangelium, I. Teil. Herder, Freiburg/Basel/Wien 1969

II. Gleichnisse

Menschliche Sprache lebt vom Vergleich. Auch die Sprache der Bibel. Das Gleichnis ist eine Sprachform, in der ein Vergleich vorgenommen wird. Das kann in verschiedener Weise und mit verschiedenen Absichten geschehen. Dementsprechend ergeben sich

1. Verschiedene Arten von Gleichnissen

Einfache Formen sind etwa der schlichte *Vergleich* (z. B. „stark wie ein Löwe") und das *Bildwort* (z. B.: „Lügen haben kurze Beine"). Auch in der Predigt Jesu begegnen uns diese einfachen Formen, z. B.: „Seid klug wie die Schlangen und arglos wie die Tauben" (Mt 10, 16); „Ihr seid das Licht der Welt" (Mt 5, 14). Derartige Redeformen dienen der Verdeutlichung und der Einprägsamkeit. Sie sind aber bereits derart, daß sie nicht nur neutral über etwas informieren. Sie haben nicht nur ein erkenntnismäßiges (kognitives) Lernziel, sondern sie beziehen die Hörer mit ein und richten einen Appell an ihr Verhalten.
Gleichnisse im engeren Sinn schildern in der Predigt Jesu einen alltäglichen, allgemein bekannten Vorgang, um etwas über das Reich Gottes zu verdeutlichen. Sie führen zur Einsicht, *wer* es ist, der die Vollendungsgestalt des Heiles wirkt, *wie* die Verwirklichung des Heiles geschieht und *welche Haltungen* auf seiten der Menschen – d. h. aber konkret: der Hörer – nötig sind, damit es „ankommen" kann. Zu dieser Art von Gleichnissen gehören z. B. die Gleichnisse vom Senfkorn und vom Sauerteig:

> „Jesus sprach: Wem ist das Reich Gottes ähnlich, womit soll ich es vergleichen? Es ist mit ihm wie mit einem Senfkorn. Ein Mann nahm es und säte es in seinen Garten. Es wuchs und wurde zu einem Baum, und die Vögel des Himmels wohnten in seinen Zweigen.
>
> Und wiederum sprach er: Womit soll ich das Reich Gottes

vergleichen? Es ist mit ihm wie mit Sauerteig. Eine Frau nahm ihn und mengte ihn unter drei Maß Mehl, so daß das Ganze durchsäuert wurde“ (Lk 13, 18-21).

Beide Gleichnisse schildern Vorgänge, die den Zuhörern aus ihrem Alltag bekannt sind. Die Vorgänge werden in der Rede Jesu zu Bildern, die etwas über das Reich Gottes erahnen lassen. In beiden Bildern fällt auf: der kleine Anfang und das große Ende. Der Kontrast ist unübersehbar zwischen dem Geringfügigen, Unscheinbaren, das am Anfang steht und dem, was daraus geworden ist. Der Prozeß des Wachstums wird indes nicht eigens erwähnt. Auf ihn scheint es nicht anzukommen. In der Verkündigung Jesu dürften derartige Bilder den Sinn gehabt haben, darauf aufmerksam zu machen, daß es sich mit dem Anbruch der Gottesherrschaft im Wirken Jesu ebenso verhalte wie mit Senfkorn und Sauerteig: trotz unscheinbarer Anfänge wird Gott das Begonnene vollenden. Für die Zuhörer sollten daraus Vertrauen, Hoffnung und Zuversicht erwachsen.
Zur Gruppe dieser Gleichnisse gehört auch das vom Sämann (Mk 4, 3-9). Außer dem Kontrast zwischen Aussaat und Ernte werden in ihm die widrigen Umstände noch eigens betont: Der Same fällt teils auf den Weg, teils auf steinigen Grund, teils unter Dornen, teils auf guten Boden. Trotz ungünstiger Voraussetzungen ist der Ernteertrag erstaunlich: dreißig – sechzig – ja, hundertfältig. Jesus läßt seine Hörer erahnen: trotz des unscheinbaren Anfangs und trotz widriger Verhältnisse wird Gott seine Herrschaft, das Heil für die Menschen, aufrichten. Es wird so sicher geschehen, wie Saat und Ernte trotz mancher Störungen einander folgen.
Eine besondere Gleichnis-Art ist die *Parabel*. Sie setzt zwar auch bei der Schilderung von Verhältnissen ein, die den Hörern vertraut sind, spitzt aber einen einzelnen, frei erfundenen Geschehensablauf so zu, daß er als Sonderfall große Überzeugungskraft für die Urteilsbildung der Zuhörer gewinnt. Als Beispiel dafür gelte die *Parabel vom Gastmahl*, die in der Lukas-Fassung davon erzählt, daß ein Mann ein großes Festmahl veranstaltete, viele dazu einlud, aber zur Stunde des Mahles von allen Geladenen eine Entschuldigung erhielt. Der

Gastgeber ließ daraufhin Arme, Kranke und Leute von den Straßen rufen, damit sich sein Haus mit Gästen fülle (Lk 14, 16-24). Die parabelhafte Zuspitzung im Geschehensablauf dieser Erzählung liegt darin, daß *alle* Geladenen absagen, daß aber das Mahl *dennoch* stattfindet, und zwar mit *Gästen*, die für ein Festmahl *am wenigsten geeignet* scheinen. Jesus verdeutlicht mit dieser Parabel die durch ihn ergehende Einladung Gottes und die Reaktion der Menschen. Er spricht von der Ablehnung, die gerade durch die führenden Kreise Israels geschah und davon, daß „Arme" und „Gesetzlose", Menschen also, die im damaligen Israel für das endzeitliche Mahl als unwürdig galten, geladen werden. Gesprochen zu den Führenden selbst, sollte die Parabel zu eigener Urteilsbildung und Korrektur ihrer Grundhaltung führen.

Zu den Parabeln gehören u. a. die Gleichnisse von den Arbeitern im Weinberg (Mt 20, 1-16), vom unbarmherzigen Knecht (Mt 18, 23-35), vom ungerechten Verwalter (Lk 16, 1-8) und von dem anstoßerregend-guten Vater (Lk 15, 11-32).

Eine weitere Gruppe von Gleichnissen stellen die *Beispielerzählungen* dar. In ihnen wird in erzählender Form ein „Spiel" in Szene gesetzt, das – korrigierend oder verstärkend – das Urteil und Verhalten der Hörer beeinflussen soll. Die bekannteste Beispielerzählung Jesu ist die vom barmherzigen Samariter (Lk 10, 29-36). Sie führt zur Erkenntnis, *wer* der Nächste ist: nämlich nicht nur der Volks- und Religionsgenosse, sondern jeder, der Menschenantlitz trägt; und sie sagt, *wie* man sich dem Nächsten gegenüber verhalten soll, nämlich ihn in seiner Situation wahrnehmen und ihm dementsprechend helfen, und zwar aufgrund dessen, daß er ein Mensch ist.

Als letzte Form der Gleichnisse sei die *Allegorie* genannt. Der aus dem Griechischen stammende Begriff deutet schon das Wesentliche an: Sie *sagt* etwas *anderes*, als sie meint; sie verhüllt das wirklich Gemeinte durch eine Reihe von Bildern. Ob Jesus selbst diese Redeform verwendet hat, ist sehr fraglich. In unseren Evangelien jedoch und in der kirchlichen Auslegungsgeschichte sind Gleichnisse Jesu oft als Allegorien verstanden worden. Wie es zu dieser Veränderung kam und was sie bedeutet, wird sofort klar, wenn wir uns der Frage stellen:

2. Wie sind Gleichnisse zu verstehen und wie wurden sie überliefert?

Daß die Gleichnisse Jesu keine harmlosen Geschichten und schönen Erzählungen zur Unterhaltung sind, dürfte aus dem Bisherigen schon deutlich geworden sein. Jesus redete in Gleichnisform, damit Menschen zu erahnen beginnen, was es mit dem Reich Gottes auf sich habe. Gleichnisse sollen nach Jesu Absicht zum Verstehen führen und zur Überprüfung der eigenen Grundhaltungen anleiten. Bilder und Geschichten sind zur Erhellung des Existenzverständnisses insofern besonders geeignet, als sie nicht nur den Verstand ansprechen, sondern auch die Kräfte des Gemütes, der Empfindungen, des „Herzens" wachrufen. Das ist wichtig, denn „man sieht nur mit dem Herzen gut" (Exupéry). Auf ein Verstehen zielen Jesu Gleichnisse sicher hin.

Um so befremdlicher erscheint uns die Antwort, die nach Auskunft des Markusevangeliums Jesus auf die Frage der Jünger gegeben haben soll: „Warum redest du in Gleichnissen?" Nach Markus lautet die Antwort Jesu:

> „Euch ist das Geheimnis der Gottesherrschaft gegeben;
> jenen aber, die draußen sind, geschieht alles in Gleichnissen,
> damit sie sehend sehen und doch nicht erkennen,
> und hörend hören und doch nicht verstehen,
> damit sie nicht umkehren und ihnen vergeben wird" (Mk 4, 11 f).

Wie kommt es zu einer solch schockierenden Aussage? Die in ihr sich ausdrückende Denkweise ist einmalig innerhalb der Verkündigung Jesu, die hier erklärte Absicht steht dem Einsatz Jesu, wie wir ihn sonst aus den Evangelien kennen, entgegen. Daß unser Befremden nicht einer modernistischen Tendenz entspringt, sondern berechtigt ist, zeigt sich auch daran, daß bereits die Evangelisten Mattäus und Lukas den Markus-Text abgeändert haben (vgl. Mt 13, 13; Lk 8, 10). Der Markus-Text gibt nicht die Antwort Jesu auf die Frage nach dem Sinn der Gleichnisrede wieder, sondern er gehört der urchristlichen Aufarbeitung eines viel umfassenderen Problems an.

Für die Gläubigen der Urchristenheit stand fest: Jesus war von Gott – vor allem durch die Auferstehung – als der entscheidende Gottesbote und einzige Mittler zwischen Gott und den Menschen ausgewiesen, und doch ist er – menschlich betrachtet – mit seinem Heilsangebot gescheitert; die Führenden lehnten ihn und seine Botschaft ab, sie töteten ihn. Auf das Problem: wie konnte es geschehen, daß der entscheidende Mittler so radikal abgelehnt wurde, gaben manche urchristlichen Kreise die Antwort: es geschah wohl, weil es so im Plane Gottes selbst lag. Man argumentierte mit Worten des Alten Testamentes, wie es auch Markus im vorliegenden Text tut, und sagte: so, wie es etwa Jesaja erging, erging es auch Jesus; dort wie hier geschah Ablehnung des Heilsangebotes; dort wie hier war es Gott selbst, der die Herzen verhärtete und sie nicht zur Einsicht kommen ließ.
Der von Markus dargebotene zeitbedingte Lösungsversuch wirft freilich für uns heutige Christen mancherlei Fragen auf. Wir können hier nicht auf sie eingehen. Nur vor einem Fehlschluß sei gewarnt: die markinische Sicht bietet keinem Menschen ein Alibi dafür, Gottes Angebot und Anspruch auszuschlagen und sich dabei etwa auf eine von Gott selbst bewirkte Verweigerung des Glaubens zu berufen.
Markus bezieht die Auffassung von der mangelnden Einsicht *auch auf die Gleichnisse*: Obwohl Jesus eigentlich in einer verständlichen Weise redete, verstand man ihn doch nicht und lehnte ihn ab; das heißt nach Markus: Gott bewirkte diesen Unverstand und: wenn die Gleichnisse unverstanden blieben, müssen sie selbst als verhüllende Rätselrede, als Allegorien, aufgefaßt werden, die der Deutung bedürfen.
Dementsprechend liefert Markus in den folgenden Versen eine Deutung des Sämannsgleichnisses, die deutlich die Spuren urchristlicher Auslegung und allegorisierenden Verständnisses dieses ursprünglich nicht allegorisch gemeinten Textes erkennen läßt. – Er bezieht dabei das Gleichnis Jesu auf die Missions-Situation der Kirche um 70 n. Chr. Er bringt die Erfahrungen ein, die urchristliche Missionare mit verschiedenen Menschengruppen gemacht haben und deutet einige Elemente der Bildhälfte aus dieser Situation: der Same ist „das Wort“; die verschiedenen Bodenarten bedeuten nun Men-

schen, die in verschiedener Weise das Wort der urchristlichen Verkündigung aufnehmen.

Zu einer Allegorie ist im Laufe urchristlicher Überlieferung auch die Parabel vom Gastmahl geworden. Der Text des Lukasevangeliums, den wir oben schon kennengelernt haben, steht der ursprünglichen Form noch verhältnismäßig nahe. *Mattäus* aber bietet uns eine Fassung, die ganz deutlich *allegorische* Züge enthält, einen Abriß der Heils- und Unheilsgeschichte bietet und bereits die Probleme einer Großkirche zwischen 70-80 n. Chr. erkennen läßt (Mt 22, 1-13).

Mattäus hat die Parabel in folgenden Punkten umgestaltet: Er bezeichnet den Gastgeber als *König*, das Mahl als *Hochzeitsfest des Königssohnes*; die Sendung *eines* Boten ersetzt er durch *zweimalige Aussendung mehrerer Boten*; die Abweisung der Boten ist gesteigert durch *Mißhandlung* und *Tötung*, die Reaktion des Königs durch *Bestrafung der Mörder* und *Zerstörung ihrer Stadt*; es wird ausdrücklich erklärt, daß die Erstgeladenen sich als *unwürdig* erwiesen haben und daß unter den Neugeladenen *Gute* und *Böse* sind; dem aus dieser Charakterisierung der Ersatzgäste erwachsenden Problem trägt Mattäus dadurch Rechnung, daß er noch eine *zweite* Allegorie hinzufügt, in der die *Scheidung beider Gruppen durch den König* vorgenommen wird.

Mattäus hat die Parabel seiner Aussageabsicht dienstbar gemacht: zu zeigen, daß Gott immer wieder durch seine Boten, nämlich die Propheten und urchristlichen Verkündiger, seine Einladung ergehen ließ, daß sie aber abgelehnt, mißhandelt und getötet wurden. Mit der Zufügung, der König habe seine Heere ausgesandt und die Stadt der Erstgeladenen zerstören lassen, nimmt Mattäus Bezug auf die Zerstörung Jerusalems im Jahre 70 n. Chr. durch die Römer. Mit der zuletzt ergehenden Einladung bezieht Mattäus die urchristliche Heidenmission mit ein. Die ausdrückliche Erwähnung, daß Gute und Böse den Hochzeitssaal füllen, ist dem Evangelisten aus der Erfahrung der Kirche seiner Zeit erwachsen: gerade Mattäus weist immer wieder darauf hin, daß die Kirche nicht das vollendete Reich Gottes ist, sondern in ihr noch „Weizen und Unkraut“ (Mt 13, 25), „gute und schlechte Fische“ (Mt 13, 48) zusammen sind, und daß die Scheidung Gott allein vorbe-

halten ist. In der allegorisierenden Deutung der Parabel bietet Mattäus einen bildhaften Abriß der Heilsgeschichte mit einem ermahnenden Abschluß.
Wir sollten den Unterschied zwischen dem ursprünglichen Sinn der Gleichnisse Jesu und ihrer zum Teil allegorischen Verständnisweise durch die Evangelisten oder die spätere Auslegung beachten.

3. Gleichnisse Jesu und christliche Existenz

Ein Religionslehrer sagte einmal, er sei froh, wenn seine Schüler vor allem zwei Gleichnisse der Evangelien begriffen: die Parabel vom unbegreiflich guten Vater und die Parabel vom barmherzigen Samariter. Diese beim ersten Hören so bescheiden anmutende Aussage drückt etwas für das christliche Existenzverständnis sehr Wesentliches aus. Das eine Gleichnis spricht von dem, *wer wir als Menschen sind*: nämlich angenommen und geliebt von einem unbegreiflich guten Vater, und zwar so, wie wir sind. Das andere Gleichnis spricht davon, *wie* wir als Angenommene und Geliebte uns anderen Menschen gegenüber *verhalten* sollen. Die Zusammengehörigkeit beider Grundeinsichten und -erfahrungen ist wichtig. Jesu Botschaft und Verhalten machen das deutlich: *Zuerst* stellt Jesus *nicht Forderungen*, und er gibt *nicht* an *erster* Stelle *Verhaltensregeln*. *Bevor* er zur Umkehr ruft, sagt er: Gottes Herrschaft bricht jetzt an; *bevor* er menschen- und gotteswürdiges Verhalten erwartet, läßt er die Menschen voraussetzungsloses Angenommensein erfahren. Das geschieht etwa in der Zusage des Heiles für die Armen, in der Tischgemeinschaft mit den Sündern. Menschen erfahren in der Begegnung mit Jesus, daß er sie wirklich so annimmt, wie sie sind. Er nimmt sich Zeit für sie, hält Mahl mit ihnen und weckt in ihnen das „Urvertrauen", das sie vielleicht noch nie hatten oder das ihnen zerbrochen war. Sie dürfen in der Begegnung mit ihm die Erfahrung des Angenommen- und Geliebtseins machen. Erst aufgrund derartiger Erfahrung ist es ja überhaupt möglich, daß Menschen die Fähigkeit erlangen, Vertrauen, Liebe und Hilfsbereitschaft anderen entgegenzubringen. Erst auf dieser Basis erwächst die Fähigkeit, ja zu sagen zu sich selbst, zu den anderen und schließlich zu dem Ganz-Anderen, nämlich Gott. Jesus weckte diese Fähigkeit bei vielen, die ihm begegneten. Das, was in diesen zuversichtweckenden Begegnungen geschah, drückt Jesus aus in der *Parabel vom unbegreiflich guten Vater* (Lk 15, 11-32). Die geläufige Bezeichnung „Gleichnis vom verlorenen Sohn" ist aus mehreren Gründen ungünstig: Es geht *nicht* um die *Verlorenheit* des Sohnes, sondern um seine *Heimkehr* und *Aufnahme* daheim; im Mittelpunkt steht nicht der *eine Sohn*, sondern das *Verhalten des Vaters*, und außerdem will ja auch das entrüstete Gebaren, das gemeinschaftsverweigernde Verhalten des *zweiten Sohnes* beachtet sein. Drückt er nicht die Gedanken aus, die die Gegner Jesu und wir selbst beim Hören dieser Parabel bekommen: Verständlich, daß ein Vater seinen heruntergekommenen Sohn wieder aufnimmt; aber muß es denn gleich so zugehen, daß der Vater schon lange nach ihm Ausschau hält, ihm entgegeneilt, ihn umarmt, küßt, ihm das beste Gewand anziehen und einen Ring – Zeichen der Liebe und Verbundenheit – anstecken läßt, ja, sogar das Mastkalb schlachtet und ein fröhliches Fest feiert? Jesus sagt mit dieser Erzählung: so ist Gott, so anstoßerregend unbegreiflich gut. Und: wir alle sind so angenommen und geliebt, wie dieser daheim aufgenommene Sohn. Unsere Existenz ist eine „verdankte" Existenz. Wir haben sie nicht kraft eigenen Hervorbringens und eigener Leistung. Wir leben vom Angenommensein und Beschenktwerden.

Daß aus einem solchen Verständnis des eigenen Lebens sich als Grundverhalten ergibt, empfangene Güte weiterzuschenken, ist eigentlich Selbstverständlichkeit. Jesus spricht sie aus in der *Parabel vom barmherzigen Samariter*. Dieses Grundverhalten war aber weder im Bewußtsein der Zeitgenossen Jesu selbstverständlich, noch fällt es uns leicht, so zu handeln. Jesu Wort: „Geh hin und tu desgleichen" besitzt ständige Aktualität.

Die Zusammengehörigkeit der beiden Gesichtspunkte: *Bewußtsein radikalen Angenommenseins* und daraus sich ergebendes *Verhalten* ist in einem Gleichnis Jesu ausdrücklich artikuliert: in der *Parabel vom unbarmherzigen Knecht* (Mt

18, 23-35). Sie hat drei Szenen: in der ersten erhält der zahlungsunfähige Großverwalter eine Riesensumme von seinem Herrn erlassen; in der zweiten Szene verweigert der Verwalter seinem eigenen Schuldner den Zahlungsaufschub einer nur geringen Schuld; in der dritten Szene steht der Verwalter nochmals vor seinem Herrn, und der spricht zu ihm: „Du böser Knecht, . . . hättest nicht auch du dich deines Mitknechtes erbarmen *müssen*, *weil* und *wie* auch ich mich doch deiner erbarmt *habe*!" Hier wird nicht einfach Vergebungsbereitschaft *gefordert*, sondern deutlich gemacht, wie man sich aufgrund „ver*dankter*" Existenz verhalten soll. Aufgrund erfahrener Vergebung sollte es eigentlich das Normale sein, selbst zu vergeben. – Sich einlassen auf die Gleichnisse Jesu heißt: sein Leben immer tiefer geborgen sein lassen in der gütigen und mächtigen Hand des Einen, der unser aller Leben trägt und vollendet, d. h.: glauben; und aus diesem Bewußtsein heraus sich menschenwürdig verhalten, d. h.: gemeinschaftstiftend leben in positiver Zuwendung zu den Mitmenschen, liebend und hilfsbereit.

Benutzte und weiterführende Literatur

Frankemölle H.: In Gleichnissen Gott erfahren. Verlag Kathol. Bibelwerk, Stuttgart 1977.
Jeremias J.: Die Gleichnisse Jesu. Vandenhoeck u. Ruprecht, Göttingen, 7. Aufl. 1965.
Linnemann E.: Gleichnisse Jesu. Verlag Vandenhoeck u. Ruprecht, Göttingen, 3. Aufl. 1964.
Lohfink G.: Jetzt verstehe ich die Bibel. Kathol. Bibelwerk, Stuttgart, 7. Aufl. 1976.
Ort B.: Die Gleichnisse vom verlorenen Sohn und dem barmherzigen Samariter. In: G. Staudigl, F. Weidmann (Hrsg.): Modelle für den Religionsunterricht in der Sekundarstufe I. Auer, Donauwörth 1977, 156-169
Schnider F.: Die verlorenen Söhne. Vandenhoeck u. Ruprecht, Göttingen 1977
Via D. O.: Die Gleichnisse Jesu. Kaiser, München 1970
Weiser A.: Die Knechtsgleichnisse der synoptischen Evangelien. Kösel, München 1971

III. Wunder und Wundergeschichten

Es hat Zeiten gegeben, in denen die Wunder als „des Glaubens liebstes Kind“ galten. In den letzten Jahrzehnten sind sie dagegen in der theologischen Literatur mehrfach als „Sorgenkind“ bezeichnet worden. Zu dieser veränderten Situation haben vor allem drei Komponenten beigetragen:
Erstens der tiefgreifende Wandel im Weltverständnis seit der Renaissance. Das antik-mittelalterliche Weltbild war geprägt von der Vorstellung, daß über- und unterirdische Mächte ständig auf die Geschehnisse dieser Welt unmittelbar einwirken, ihren Lauf bestimmen, ihn aber auch jederzeit verändern können. Dieses Weltbild wurde abgelöst durch eine stark naturwissenschaftlich bestimmte, die innerweltlichen Zusammenhänge von Ursache und Wirkung erforschende Sicht. Die Berechtigung dieser Sichtweite steht außer Zweifel. Nicht genügend geklärt sind jedoch ihre Tragweite und ihre Grenzen.
Die zweite Komponente, die zu einer veränderten Einschätzung des Wunders geführt hat, ist die historisch-kritische Erforschung der biblischen Texte in den letzten 200 Jahren. So umstritten dabei noch viele Einzelfragen sind, eines hat sich doch deutlich gezeigt: Die biblischen Texte sind nicht Geschichtsprotokolle im Sinne moderner Berichterstattung, sondern Glaubenszeugnisse. Sie gehören verschiedenen literarischen Gattungen an und haben bis zu ihrem letzten schriftlichen Niederschlag oft einen langen Überlieferungs- und Formungsprozeß hinter sich. Seitdem Papst Pius XII 1943 in der Bibelenzyklika die weittragende Forderung erhob, „umsichtig zu untersuchen, wieweit eine vom Schriftsteller benutzte Redeform oder literarische Gattung für eine sinngetreue Auslegung wichtig“ sei, haben die Methoden der historisch-kritischen Forschung auch in der katholischen Exegese ihr Heimatrecht. Die Unterweisung der päpstlichen Bibelkommission von 1964 und die Dokumente des II. Vatikanischen Konzils vertreten die gleiche Auffassung und erachten diese Methoden als unverzichtbare Hilfe für die Erforschung dessen, was Gott uns durch die Heilige Schrift sagen will. Diese Weise der Schriftauslegung wirft auch neues Licht auf die Frage nach den

Wundern. Gewandelte Weltsicht und neueres Schriftverständnis haben die Veränderung einer dritten Komponente mit sich gebracht, die für das Verständnis der Wunder bedeutsam ist: nämlich das, was wir christlichen Glauben nennen. Verstand man früher unter „glauben“ mehr das Feste-für-wahr-halten von geoffenbarten Wahrheiten, so legen heutige Theologie und christliches Bewußtsein zu Recht den Akzent stärker auf die personale Dimension: christlicher Glaube ist das vertrauende Sich-einlassen auf Gott, wie er in Jesus uns nahe gekommen ist.
Zu einem sachgerechten und auch in unserer Zeit verantwortbaren Verständnis der Wunder werden wir nur gelangen, wenn wir die soeben skizzierten Wandlungen im Weltverständnis, Schriftverständnis und Glaubensverständnis berücksichtigen.

1. Sprachliche Form der Wundergeschichten

Wir gehen von einer sehr einfachen, aber in ihren Konsequenzen sehr weittragenden Beobachtung aus: Wir begegnen nicht unmittelbar den Wundern Jesu selbst, sondern nur Texten, die von ihnen berichten. Wenn wir etwa eine Wundererzählung aus dem Mattäus-Evangelium hören oder lesen, so gilt – entsprechend dem Kommunikationsmodell – Mattäus als Sender, wir als Empfänger, die Wundererzählung als Kommunikationsinhalt. Worin besteht aber die Intention, die Aussageabsicht? Erwartet Mattäus von den Lesern seines Textes, daß sie ihn als *Sachinformation* zur Kenntnis nehmen und sich mit der Antwort begnügen: Ja, das und das hat Jesus damals getan? Man hat lange Zeit die Wunderberichte der Bibel so verstanden, nämlich als Texte, die in erster Linie *historische Sachinformation* bieten wollen über das, was irgendeinmal irgendwo geschehen ist, und man hat sich fast ausschließlich mit Zustimmung oder Ablehnung als Reaktion begnügt. Daß aber eine solche Verständnisweise sehr unzureichend ist, wird schon deutlich, wenn man sich fragt: Warum hat etwa Mattäus Wunderberichte des Markus bewußt umgearbeitet, und zwar nicht aus einem *historischen* Interesse? Es muß ihn also dabei eine andere Aussageabsicht geleitet haben. Weiter muß man sich fragen: Warum bleiben gerade die historischen Angaben in den Wunderberichten so unzureichend? Wir erfahren kaum Namens-, Orts- und Zeitangaben oder Näheres über den genauen Hergang des Geschehens. Außerdem bleibt bei dieser Sicht die Frage unbeantwortet: *Warum* hat Jesus solch eigenartige Dinge getan? Und: Warum geschehen sie nicht auch heute in dieser Weise?

Wie wäre es aber, wenn die biblischen Schriftsteller mit ihren Texten nicht in erster Linie über Vergangenes informieren, sondern vor allem *den Blick für etwas durchaus Gegenwärtiges und Künftiges* öffnen wollten, und vom Leser nicht zur Kenntnisnahme und Zustimmung, sondern persönlichen Einsatz erwarteten? Den Blick für das Gegenwärtige und Künftige sich öffnen lassen, das könnte bedeuten: Erkennen, daß der Text von Jesus spricht, der nicht nur Kranke geheilt *hat*, sondern der als auferstandener Herr lebt und *auch heute noch Heil schafft* und der dafür sorgen wird, daß einmal *jedes* Leid *Heilung* finden wird. Meine Reaktion darauf kann dann nicht mehr sein: Stellungnahme zu einer Sache, sondern sie geht viel tiefer: Sie fordert ein Ja oder Nein zu einer *Person* und den *Hoffnungen*, die sie in *mir* weckt in Bezug auf mich selbst und die anderen *Menschen*. Ich selbst bin gefragt, wie ich über mich, über meine und meiner Mitmenschen Zukunft denke und wie ich dementsprechend mein Handeln und Verhalten einrichte. Kurz: es wäre als Reaktion engagierter Glaube erwartet; „engagiert" hieße dabei: im Einsatz für andere Menschen und eine bessere Zukunft.

Daß die Texte wirklich diese Ausrichtung haben, läßt sich – ganz abgesehen von ausdrücklichen Hinweisen einzelner Stellen – für das Neue Testament allgemein daran zeigen, daß die Evangelien und mit ihnen die Wundererzählungen im Glauben an den Auferstandenen geschrieben sind. Sie wollen den Anspruch des geschichtlichen Jesus von der Vergangenheit her in die Gegenwart vermitteln. Sie verkünden Christus als den in Vergangenheit, Gegenwart und Zukunft Heil Schaffenden. Seine Heilsgegenwart wird dort erfahren, wo Menschen sich dem Wort des Evangeliums glaubend öffnen, die Gemeinschaft mit dem lebenden Christus in den Zeichen seiner Gegenwart – etwa in der Eucharistie und den anderen Sakramenten – suchen und sich selbst vor- und fürsorgend gegenüber menschlicher Bedürftigkeit und Not in Dienst nehmen lassen. Erkennt man in den Texten des Alten wie des Neuen Testaments diesen so stark auf Gegenwart und Zukunft gerichteten, die Leser selbst ganz und gar mit einbeziehenden Anspruch, dann verliert die rückwärts gerichtete Frage, ob auch alles genau so geschehen sei, an Bedeutung. An ihre Stelle tritt mehr die Frage, ob der Anspruch, der an mich ergeht, Gültigkeit hat, und wenn ja, ob ich mich in Dienst nehmen lasse. Diese Frage läßt sich nicht mit den Mitteln und Methoden der Geschichtswissenschaft, also nicht „historisch“ beantworten. Sie kann nur in der Weise beantwortet werden, daß ich mich auf den Anspruch einlasse, danach mein Handeln einrichte und so „erfahre“, ob sich die Botschaft im Einzel- wie Gemeinschaftsleben als tragfähig erweist.

Der Blick auf die *Sprachgestalt* der Wundererzählungen läßt noch eine wichtige Tatsache erkennen, die beim Verstehen der Texte beachtet sein will: Nicht nur die Bibel berichtet von Wundern, sondern die gesamte antike Welt kennt Wundertäter und Wundergeschichten. Auf das Neue Testament haben besonders alttestamentliche und hellenistische Wundererzählungen eingewirkt. Den alttestamentlichen Einfluß wollen wir erst später berücksichtigen (S. 42). Der *hellenistische* Einfluß sei durch folgende Hinweise verdeutlicht: Berühmte Persönlichkeiten wie manche Staatsmänner, Feldherren, Dichter und Philosophen galten in der griechisch-römischen Antike als „Gottesmänner“. Man verehrte sie nach ihrem Tode wie Götter, übersteigerte ihre menschlichen Taten und rief sie als Helfer an. Besonders an den Halbgott Asklepios von Epidaurus und an Apollonius von Tyana knüpfte man erstaunliche Geschichten.
Beim Vergleich der Heilungserzählungen der Evangelien mit diesen Wundergeschichten fallen einige *gemeinsame*, immer *wiederkehrende* Züge auf. So wird zum Beispiel mitunter ausdrücklich berichtet,

daß die Krankheit besonders schlimm sei: Markus schildert einen besessenen Jungen so: „Wenn ihn der Dämon packt,

zerrt er ihn hin und her. Dann tritt Schaum vor seinen Mund, er knirscht mit den Zähnen und liegt starr da" (9, 18).
Von einer Heilung durch *Apollonius* berichtet die heidnische Literatur: „Als Apollonius den Kranken fest anschaute, stieß der Dämon vor Angst und Zorn laute Schreie aus, wie wenn man jemanden verbrennt oder quält (Philostratos, Vit. Ap. 4, 20).

daß die Krankheit schon lange dauere: Markus sagt von demselben epileptischen Jungen, er habe die Krankheit „von Kindheit an" (9, 21), Johannes berichtet die Heilung eines Mannes, der schon 38 Jahre gelähmt war (5, 5).

Apollonius soll einen 16 jährigen Jungen von einem Dämon befreit haben, der ihn zwei Jahre lang geplagt hatte (Philostratos, Vit. Ap. 3, 38).

daß alle normale ärztliche Hilfe vergebens gewesen sei: Markus sagt von der Frau, die an Blutfluß litt: „Sie hatte bei vielen Ärzten schon viel ausgestanden. Sie hatte ihr ganzes Vermögen ausgegeben und doch keine Hilfe gefunden. Es war mit ihr nur noch schlimmer geworden" (5, 26 f.).

Aristides berichtete, er sei zum Asklepios-Tempel nach Pergamon gegangen, um sich heilen zu lassen, obwohl unter seinen Freunden die besten Ärzte gewesen seien (Aristides, Reden 28, 132).
Weitere gemeinsame Züge dieser Art sind: Spott und Zweifel, die den Wundertäter mitunter treffen; der ermutigende Zuspruch an den Kranken „Sei guten Mutes!" und die Tatsache, daß die Genesung „sofort" eintritt.
Alle genannten Züge lassen trotz ihres gemeinsamen Vorkommens in den Evangelien und in außerchristlicher Literatur keinen *sicheren Schluß auf direkten Einfluß* zu. Andererseits bieten sie aber auch keine zuverlässigen Anhaltspunkte für das Detail des historischen Geschehens. Sie erweisen sich vielmehr als *stereotype Züge*, die einfach zur literarischen Gattung „Heilwundererzählung" gehören.
Fast mit gleicher Regelmäßigkeit wie diese Erzählzüge begegnet in derartigen Texten auch eine ganz bestimmte *Gedankenfolge*. Dementsprechend haben die Heilwundererzählungen innerhalb wie außerhalb des Neuen Testamentes im wesentli-

chen den gleichen *Aufbau*, die gleiche *Struktur*. Vergleichen wir unter diesem Gesichtspunkt den Mattäustext von der Heilung der Schwiegermutter des Petrus mit einer Heilwunder-Inschrift im Asklepiostempel zu Epidauros:

Struktur des Textes	Mt 8, 14-15	Epidauros-Text
Angabe des Leidens	Die Schwiegermutter des Petrus ist fieberkrank.	Euhippos hat eine Lanzenspitze im Kiefer.
Heilender Eingriff	Jesus berührt ihre Hand.	Während des Schlafes im Heilraum nimmt Asklepios sie heraus.
Feststellung des Heilerfolges, verbunden mit dem Erweis des Erfolges.	Das Fieber verläßt sie; sie steht auf und bedient Jesus.	Euhippos geht gesund heraus, die Lanzenspitze in Händen.

Die neutestamentlichen Schriftsteller bedienen sich der Darstellungsweisen und Sprachmuster, die damals üblich waren.

Nun gibt es auch Heilungserzählungen, die zwar auf den ersten Blick große Ähnlichkeit mit außerbiblischen Wunderberichten zeigen, sich aber bei genauerem Zusehen als total verschieden erweisen.
So heilt nach *Markus* und *Johannes* Jesus einen Blinden, indem er ihm Speichel auf die Augen streicht (Mk 8, 23; Joh 9, 6). Der römische Geschichtsschreiber *Tacitus* berichtet: Kaiser Vespasian wartete in Alexandrien auf günstigen Wind zur Überfahrt. Während dieser Zeit ereigneten sich mehrere Wunder. Man sah in ihnen ein Zeichen für die Gunst der Götter. Zwei dieser Wunder haben sich so zugetragen:
Ein Blinder fiel dem Kaiser zu Füßen und bat ihn, seine Wangen und Augenhöhlen mit Speichel zu bestreichen. Der Gott Serapis habe es so angeraten. Zugleich bat ein Mann mit einer kranken Hand, der Kaiser solle ihm einen Fußtritt geben, denn in dieser Handlung habe ihm der gleiche Gott

Serapis Heilung zugesagt. Vespasian mußte zuerst darüber lachen und weigerte sich. Als man jedoch weiter in ihn drang, ließ er eine ärztliche Diagnose stellen. Die Ärzte ermunterten den Kaiser, die Kur zu versuchen. Er könne dadurch nur Ruhm ernten. Bei einem Mißerfolg werde Spott und Verachtung nur die beiden Kranken treffen. Nach langem Hin und Her versuchte Vespasian sein Glück. Tacitus sagt, die Heilung sei eingetreten und man erzähle noch von ihr (Hist. 4, 81).

Die Geschichtlichkeit der von Tacitus geschilderten Heilung brauchen wir nicht zu bezweifeln. Wichtig ist für unseren Zusammenhang, daß trotz einzelner gemeinsamer Elemente zwischen dieser Geschichte und den Wunderberichten der Evangelien erhebliche Unterschiede bestehen: Bei Vespasian gerät die ganze Szene ins Lächerliche, ja Triviale. Er selbst nimmt die Heilung nicht ernst, ist unsicher, ob der Erfolg eintreten wird, läßt Diagnosen stellen. Von all dem hört man bei Jesus nie etwas. Vor allem aber wird weder in dieser noch in irgendeiner anderen außerbiblischen Wundererzählung etwas von dem deutlich, worum es Jesus mit seinen Taten und der neutestamentlichen Überlieferung mit ihren Texten ging: zu zeigen, daß Gott nicht nur hier und da einem Menschen auf die Beine hilft, sondern daß er das Heil aller Menschen will und es in Jesu Wirken anfanghaft heraufzuführen begann.

Überschaut man das gesamte religionsgeschichtliche Vergleichsmaterial, von dem hier nur ein paar Beispiele gegeben werden konnten, so gelangt man zu dem Urteil, daß zwar zum Teil die gleiche Art von Geschehnissen vorliegt und daß Berührungspunkte der Erzählweise zwischen christlicher und außerchristlicher Wundertradition vorhanden sind, daß aber in bezug auf den Sinn der Ereignisse und der Texte eine unüberbrückbare Kluft besteht. Die *Sinngebung* macht den eigentlichen Unterschied zwischen biblischen und außerbiblischen Wundern und Wunderberichten aus: Dem Handeln Gottes zum Heil der Menschen in der Weise, wie es in Jesu Leben und in seinen Machttaten deutlich wurde, eignet Endgültigkeit. Gottes Ja zum Menschen und seiner Vollendung ist endgültig, unwiderruflich. Das Neue Testament macht dies deutlich durch sein Bekenntnis zum Wundertäter Jesus, den Gott von den Toten erweckt und erhöht hat. Die Vollendung des Menschen und seiner Geschichte ist in Christus schon anfanghaft verwirklicht. Die entscheidende Überwindung aller lebenbedrohenden Mächte, wofür Jesu Handeln ein Zeichen war, ist bereits geschehen. Ein derartiges Verständnis der Wunder bietet nur das Neue Testament.

2. Theologische Bedeutung der Wunder

Versucht man, den zentralen Gehalt der neutestamentlichen Wunderverkündigung auf *eine* Formel zu bringen, so kann man definieren: Wunder sind außergewöhnliche Ereignisse, die von glaubenden Menschen als Zeichen des endgültigen Heilshandelns Gottes verstanden werden.

In dieser Definition sind die Grundelemente enthalten, die in der kirchlichen Lehre über die Wunder zu jeder Zeit eine Rolle gespielt haben. Zugleich versucht diese Definition den anfangs erwähnten Wandel des Verständnisses zu berücksichtigen, der sich in bezug auf unsere Welt, die Schrift und den Glauben vollzogen hat. Sie behauptet deshalb nicht – wie es auch heute noch leider oft geschieht – daß zum Begriff des Wunders die Durchbrechung von Naturgesetzen gehöre.

Die Frage, ob Naturgesetze durchbrochen werden, stellt das Neue Testament ebensowenig wie seine Umwelt. Es stellt diese Frage einerseits deshalb nicht, weil es den Begriff neuzeitlicher Naturgesetzlichkeit nicht kennt, andererseits, weil es alles Geschehen im Zusammenhang mit Gottes Wirksamkeit und fürsorgender Nähe sieht. Außerdem lehrt uns heute die Linguistik, sorgfältig die Sprachebenen naturwissenschaftlicher und theologischer Rede auseinanderzuhalten. Es ist bemerkenswert, daß auch das I. Vatikanische Konzil, das sich ausdrücklich mit dem Wunder als Offenbarungskriterium beschäftigt hat, eine genaue Bestimmung des Außerordentlichkeitscharakters offen ließ. Freilich gibt es mehr oder weniger deutliche Zeichen für die Wirksamkeit Gottes, wobei die Außerordentlichkeit eine Rolle spielt; aber sie tritt eben mit fließenden Grenzen auf. Der biblische Wunderglaube besteht nicht schon in der Überzeugung, daß „bei Gott kein Ding unmöglich" sei, sondern im Glauben daran, daß Gott das Heil der Menschen will, es bewirken kann und zu endgültiger Vollendung führen wird. Dafür sind die Wunder *Zeichen*. Sie zwingen nicht, sondern weisen hin und laden ein. Zu ihnen gehört deshalb wesenhaft der Glaube. Das II. Vatikanische Konzil hat dies in seiner Erklärung über die Religionsfreiheit sehr deutlich zum Ausdruck gebracht. Dort heißt es in Nr. 11 wörtlich: „Gott ruft die Menschen zu seinem Dienst . . . sie werden durch diesen Ruf im Gewissen verpflichtet, aber nicht gezwungen . . . (Auch) Christus, unser Meister und Herr, . . . hat seine Jünger in Geduld für sich zu gewinnen gesucht und eingeladen. Die Wunder, mit denen er seine Predigt unterstützte und bekräftigte, sollten den Glauben der Hörer hervorrufen und bestätigen, aber nicht einen Zwang auf sie ausüben."

Der *zeichenhafte Sinn* der Wunder wird von Jesus selbst und von den Evangelisten immer wieder hervorgehoben. Jesus selbst sieht sich als den Künder und Bringer jenes Heils für den Menschen, das nur Gott schenken kann. Als Johannes der Täufer aus dem Gefängnis fragen läßt: Bist du es, der da kommen soll, oder haben wir auf einen anderen zu warten, da antwortet Jesus, indem er auf die Taten hinweist, die durch ihn geschehen: „Blinde sehen, Lahme gehen, Aussätzige werden rein, Taube hören, Tote stehen auf, Arme empfangen die Frohbotschaft" (Mt 11, 2-6). All das sind Zeichen, die auf den Anbruch jener Heilszeit hinweisen, welche die Juden seit Jahrhunderten erwarteten.

Die Evangelisten haben in ihrer Darstellung dieser Tatsache dadurch Rechnung getragen, daß sie Worte und Taten Jesu in sinnvoller Weise einander zugeordnet haben. So folgen zum Beispiel bei Mattäus den Kapiteln der Bergpredigt (5-7) zwei Kapitel über die Wunder Jesu (8-9). Bei Markus werden die Aussagen „die Zeit ist erfüllt, die Gottesherrschaft ist nahe herbeigekommen" (1, 15) und „er lehrte wie einer, der Macht hat" (1, 22) sogleich dadurch bestätigt, daß Jesus einen Dämon austreibt (1, 23-28) und Heilungen vollbringt (1, 29-31.32-34).

Auch aus dem Auftrag an die Jünger „Heilt die Kranken und sagt ihnen: Das Reich Gottes ist euch nahegekommen" (Lk

10, 9) geht die enge Verbindung zwischen Wort und Tat und der zeichenhafte Charakter der Wunder hervor.
Die Wunder weisen aber nicht nur darauf hin, *daß* mit der Person Jesu und mit seinen Taten Gottes Herrschaft *anbricht*, sondern sie zeigen zugleich, *welcher* Art sie ist: Wo Gott seine Herrschaft ausübt, wird der Mensch „heil". Das heißt aber nicht bloß „heil" in einem geistigen Sinn, also etwa als Vergebung von Schuld. Sondern gerade die Heilungen zeigen, wie der *ganze Mensch*, auch mit seiner Leiblichkeit, von Christus angenommen und ins Heil geführt wird.
Hier ist die Frage am Platz: Warum hat Jesus nicht *alle* Krankheiten geheilt, denen er begegnet? Warum hat er nicht jedes Unheil *ganz* aus der Welt geschafft? Diese Frage wäre unbeantwortbar, würde man Jesus nur als den großen Humanisten und Menschenfreund sehen. Sie wird aber beantwortet, wenn man die Wunder Jesu als *Zeichen* ansieht: So wie die Gottesherrschaft zwar begonnen hat, aber noch nicht zur letzten Entfaltung gelangt ist, so ist auch das Heil in Christus mit seinen Taten zwar angebrochen, aber noch nicht vollendet. Die Wunder Jesu sind wie Lichter in der Nacht. Sie zeigen uns einen Weg und lassen uns hoffen, daß wir einmal die ganze Tageshelle sehen, von deren Licht sie nur ein Strahl sind.

Die Wunder sollen aber nicht nur etwas über die Gottesherrschaft aussagen, sondern sie sollen auch zeigen, *wer Christus ist*. Der Bericht vom Seewandel Jesu schließt bei Mattäus:

> „Und als sie (Jesus und Petrus) ins Boot gestiegen waren, legte sich der Wind. Die im Boote aber fielen vor ihm nieder und sprachen: Wahrhaftig, du bist Gottes Sohn!" (14, 32 f.).

Man mag einwenden: Diese Darstellung zeigt ja nur, was dieses Wunder für Mattäus und seine Gemeinde, nicht aber, was es für Jesus bedeutete, und man kann in Zweifel geraten, ob Jesus in seinen Taten überhaupt etwas über sich selbst hat aussagen wollen. Die Frage führt an das Problem heran: Wofür hat Jesus sich während seines Erdenlebens denn selbst gehalten? Wir müssen uns hier mit der Antwort begnügen, daß sich auch in der kritischen Forschung der Gegenwart immer mehr die Erkenntnis durchsetzt: Jesus hat mit einer solchen

Unmittelbarkeit und absoluten Verbindlichkeit gesprochen und gehandelt, daß man die Vergegenwärtigung der Wirklichkeit Gottes als das eigentliche Geheimnis der Person Jesu ansehen muß (Bornkamm). Das zeigt sich in jenen Zügen, die aus dem Bild des geschichtlichen Jesus nicht herausbrechbar sind:

Er legte die Forderungen Gottes absolut verbindlich in eigener Autorität aus;
er wendete in seiner Gemeinschaft mit Zöllnern und Sündern gerade den scheinbar vom Heil Ausgeschlossenen die Verzeihung Gottes zu;
er erklärte, daß Anerkennung oder Ablehnung seiner Person entscheidend seien für das Schicksal des Menschen im Gericht; er forderte Menschen auf zur totalen Gefolgschaft gegenüber seiner Person.
Damit ist die Voraussetzung ausgesprochen, die vorhanden sein muß, wenn die Wunder Jesu den Sinn haben sollen, auch während seines Erdenlebens schon zu zeigen, wer er ist. Daß sie tatsächlich diese Bedeutung hatten, wird deutlich aus dem Jesuswort: „Wenn ich mit dem Finger Gottes die Dämonen austreibe, dann ist das Reich Gottes schon zu euch gekommen“ (Lk 11, 20). Hier ist das Geschehen ganz an seine Person geknüpft: *Er* ist es, der mit Gottes Macht die Satansherrschaft bricht. Diese christologische Bedeutung ist der Hauptgesichtspunkt, unter dem das Johannesevangelium die Taten Jesu darstellt: Das Speisungswunder soll erkennen lassen: Christus ist das Brot des Lebens (6, 34); die Heilung des Blindgeborenen soll zeigen: Christus öffnet die Augen zum Glauben an ihn (9, 38); die Erweckung des Lazarus soll deutlich machen: Christus ist die Auferstehung und das Leben (11, 25).

3. Kerygmatische Deutung und historisches Faktum

Die historische Frage, ob Jesus Wunder gewirkt hat, ist nicht belanglos. Wenn man sich darüber klar ist, daß sie nicht die einzige und die für den Einzelfall wichtigste Frage ist, so hat sie ihre Berechtigung und ist sogar notwendig. Richten wir zunächst unseren Blick auf die Heilungen Kranker und Besessener. Die quellenkritische und geschichtswissenschaftliche Untersuchung der Texte führt zu dem Ergebnis, daß Jesus Kranke und Besessene wirklich geheilt hat. Im einzelnen sind folgende Kriterien und Gründe zu nennen:

Erstens die Quellenlage: Heilungen und Exorzismen Jesu sind bereits in der *ältesten* Schicht der Evangelienüberlieferung bezeugt: in der Spruchquelle Q und im Markusevangelium. Sie begegnen uns in Überlieferungen, die voneinander *unabhängig* sind. Sie sind nicht nur in der Form von Wundererzählungen gefaßt, sondern kommen auch in den *Sammelberichten* vor und werden innerhalb von *Reden* und *Aussprüchen* Jesu erwähnt. Dieser Erwähnung im *Selbstzeugnis* Jesu kommt ein besonderes Gewicht zu, da hier oft eine größere Nähe zum Ursprung bewahrt ist als in den Wundererzählungen, die ja immer durch dritte Personen und meist in längerem Überlieferungsprozeß geformt wurden.

Ein *zweiter* Grund besteht darin, daß innerhalb und außerhalb des Neuen Testamentes auch von *anderen* Menschen glaubhaft berichtet wird, daß sie die Gabe des Heilens in einer außergewöhnlichen Weise besaßen. Im Neuen Testament wird außerordentliche Heilkraft glaubwürdig auch von den *Aposteln* und von *Paulus* ausgesagt. Warum sollte man bestreiten, daß sie Jesus selbst in hohem Grade eigen war, zumal es mehrfach heißt, *er* habe die Apostel zu ihrer Heiltätigkeit befähigt und gesandt? Umgekehrt sollte man beachten, daß einem so bedeutsamen Mann wie *Johannes dem Täufer* keine Wunder zugeschrieben wurden, offenbar, weil er keine gewirkt hat. Daraus läßt sich vermuten, eine *bestimmte* Wirksamkeit mußte auch in der Antike vorhanden gewesen sein, bevor man jemand als Wundertäter ansah.

Drittens bezeugt die *jüdische Literatur* Jesu Wundertätigkeit. Im babylonischen Talmud (Sanhedrin 43) heißt es: „Er soll gesteinigt werden, weil er *Zauberei* getrieben und Israel verführt und verleitet hat.“

Viertens: Sowohl die Wundererzählungen wie die Worte Jesu zeigen eine ganz *enge Verbindung* zwischen seinem *heilenden und exorzistischen* Wirken und dem *Zentrum seiner Verkündi-*

gung: der anbrechenden Gottesherrschaft. Da diese Botschaft historisch unbestritten ist, gilt dies auch für die Taten Jesu, die ein Teil von ihr sind.

Fünftens: Manche Heilungen und Exorzismen sind *Bestandteile des Konflikts* zwischen Jesus und den Führern des jüdischen Volkes. Da die Konflikte zu der geschichtlich auch außerhalb des Neuen Testamentes verbürgten Hinrichtung Jesu führten, kommt ihnen als Mitursachen ein hoher Geschichtswert zu. In den Rahmen dieses provozierenden Verhaltens Jesu gehörten zum Beispiel die Heilungen am Sabbat.

Sechstens schließlich zeigen manche Wundererzählungen solche *Züge*, die sich weder aus einem *allgemeinen Schema ableiten*, noch als spätere „Erfindung" erklären lassen. Sie weisen vielmehr auf eine Verankerung in einer Situation des geschichtlichen Lebens Jesu hin.

Die genannten Gründe lassen erkennen: Jesus hat Heilungen vollbracht, die das Aufsehen seiner Zeitgenossen erregten und in denen sie eine Macht am Werke sahen, die über die normalen menschlichen Kräfte hinausging. Er hat auch Taten gesetzt, die als Dämonenbannungen galten. Manche Zeitgenossen deuteten Jesu Taten als Werke des Bösen, andere Zeitgenossen deuteten sie als Heilstaten Gottes. Trotz dieser Verankerung der Heilungen und Exorzismen im vorösterlichen Wirken Jesu zeigen die meisten *Berichte*, daß sie so, wie die Evangelien sie bieten, den *Glauben* an den *auferstandenen* Herrn voraussetzen. Es läßt sich besonders daran erkennen, daß innerhalb der Erzählungen *Hoheitstitel* verwendet und Deutungen des Wirkens Jesu gegeben werden, deren „Sitz im Leben" in den *urchristlichen Gemeinden* zu suchen ist. Stärker wirkte sich der urchristliche *Osterglaube* bei der Entstehung und Formung der Texte über die „sogenannten Naturwunder" und Totenerweckungen aus. Von ihnen sei nun die Rede.

Als *„Naturwunder"* bezeichnete man bisher gewöhnlich Wunder, die sich nicht an *Menschen* zugetragen haben, wie etwa die Heilungen, sondern an Gegenständen und an den Elementen der Natur. *Sogenannte* Naturwunder nannte man sie deshalb, weil Texte, die von ihnen berichten, nicht am Erweis naturwissenschaftlich nachprüfbarer Ereignisse interessiert sind, sondern weil sie auch diese Ereignisse ganz auf das Heil der *Menschen* ausrichten. Sie sind in den Evangelien ebenso in den *Dienst der Verkündigung* gestellt wie die Exorzismen und Heilungen. Der Ausdruck Naturwunder ist deshalb mißverständlich und ungünstig. Deutlicher als er bringen die Bezeichnungen *Erscheinungswunder*, *Rettungs*- und *Geschenkwunder* das Gemeinte zur Sprache.

Unter mehreren Gesichtspunkten nimmt diese Gruppe von Wundern in der Evangelienüberlieferung eine *Sonderstellung* ein: Im Verhältnis zu den Heilungen und Exorzismen sind diese Wunder *selten*. Sie fehlen vollständig in der ältesten Schicht der Evangelien, der *Spruchquelle Q*. Sie fehlen ganz in den Reden Jesu und auch in den *Sammelberichten*, in denen die Evangelisten immer wieder die Hauptgruppen der Wunder Jesu summarisch zusammenfassen. Sie sind *quellenmäßig* schwach und erst *relativ spät* bezeugt.

Die Erzählungen weisen sodann einen starken *Symbolgehalt* auf und lassen auf eine schon fortgeschrittene Stufe *alttestamentlicher Schriftreflexion* schließen, die von der Urkirche in den Dienst der Christusverkündigung einbezogen sowie für eine theologische Vertiefung und Entfaltung fruchtbar gemacht wurde. Dies sei an einigen Beispielen erläutert. Die Beispiele sind zugleich geeignet, uns mit dem Sinn dieser Texte der Evangelien vertraut zu machen.

Im Bericht vom *Weinwunder* in Kana steht Christus im Mittelpunkt und „offenbart seine Herrlichkeit" (Joh 2, 11), indem er die Fülle des Weines spendet. Der Text betont ausdrücklich die *Fülle*; denn er gibt ein Quantum von etwa 700 Litern an. Auch im hellenistischen Dionysos-Kult erwartete man in einer Nacht der jährlichen Festfeier das Erscheinen des Gottes durch Wandlung des Wassers in Wein. Der johanneische Text enthält aber Züge, die sich von dort nicht herleiten lassen. Die *Fülle des Weines* ist vielmehr in der alttestamentlichen Bildersprache ein *Zeichen für die Heilszeit*.

Im Judentum zur Zeit Jesu sagt man, in der messianischen Zeit wird ein Esel nötig sein, um die Ernte eines einzigen Weinstocks fortzutragen, und eine Traube wird 30 Krüge Wein bringen. Die Erzählung vom Weinwunder macht deutlich: *Christus ist der, durch den Gott die Heilszeit heraufführt und*

durch den er den Menschen die Fülle seiner Heilsgaben schenkt.
Das *Speisungswunder* hat eine ähnliche Ausrichtung. Immer wieder heißt es in den Berichten: „Alle aßen und wurden satt" (Mk 6; Mt 14; Joh 6, Mk 8; Mt 15). Nicht auf einem Wunder an der *Natur* liegt der Akzent, sondern auf einem Geschehen, das der Not des Menschen abhilft. Brot ist neben Wein und Öl Grundnahrungsmittel in Israel und wird im Alten Testament ebenfalls als Zeichen für die Zeit der Heilsvollendung angesehen. Der Prophet Jeremia formuliert:

> „Sie werden kommen und auf der Höhe des Sion sich freuen . . . über den Segen des Herrn: über das Korn und den Wein und das Öl . . . " (Jer 31).

Die alttestamentliche Basis des Speisungswunders ist besonders deutlich zu erkennen. Sie besteht in der Mannaspeisung (Ex 16; Num 11) und den Speisungswundern der Propheten Elija (1 Kön 17) und Elischa. Vom Letzteren wird im 2. Buch der Könige berichtet:

> „Ein Mann kam . . . und brachte dem Propheten zwanzig Gerstenbrote . . . Da sprach der Prophet: Gib den Leuten zu essen! Doch sein Diener entgegnete: Wie kann ich dies hundert Männern vorsetzen? Er aber erwiderte: Gib es den Leuten zu essen! Denn so spricht Jahwe: Ihr werdet essen und noch übriglassen. Da setzte er es ihnen vor. Sie aßen und ließen noch übrig, wie Jahwe verheißen hatte" (2 Kön 4).

In dieser Erzählung – wie in den anderen Speisungstexten – spielt das Motiv der reichlich gespendeten Nahrung eine Rolle: die Leute essen, werden satt und lassen noch übrig. Es soll ausdrücken, daß Gottes Gabe nicht kleinlich bemessen ist und daß er den Hunger des Menschen in all seinen Formen wirklich stillen kann und es einmal vollendend tun wird. *Die Speisungserzählungen des Neuen Testamentes bekennen, daß Christus der ist, durch den Gott den Hunger des Menschen endgültig stillt.* Die Evangelien haben überdies das Speisungswunder in Beziehung zur Feier der Eucharistie gesehen. In dieser Sichtweise enthüllt sich auch der Sinn der Texte für uns

heute: Christus bereitet uns täglich den Tisch. Er gibt sich zur Speise, so daß alle davon essen können und immer noch für andere übrig bleibt. Er fordert uns aber auch bei jeder Mahlfeier auf: „Gebt ihr ihnen zu essen!", wie es im markinischen Text des Speisungswunders heißt (Mk 6, 37).
Der *reiche Fischfang* ist verbunden mit der Einweisung des Petrus in seine neue Aufgabe, „Menschenfischer" zu sein (Lk 5). Der Text ist eine Ausgestaltung des bei Markus in einfacherer Form und *ohne* Wunder vorliegenden Berichtes von der *Berufung* des Petrus und Andreas, Jakobus und Johannes (Mk 1). Die neue Aufgabe des Petrus und das Bild vom reichen Fischfang entsprechen einander so sehr, daß man annehmen möchte, das Wunder sei die bildhafte Ausgestaltung des Verheißungswortes. Daß diese Ausgestaltung im Glauben an den auferstandenen Herrn geschah, wird deutlich durch einen Blick auf das Johannesevangelium. Dort ist das ganze Geschehen direkt als *nachösterliches* Ereignis dargestellt, und Jesus spricht als *Auferstandener* den Petrus an (Joh 21).
Bei der *Stillung des Sturmes* spielt – ähnlich wie beim Seewandel – das Motiv eine Rolle, daß – wie im Alten Testament Jahwe – so nun Jesus Herr aller Mächte und auch der bedrohenden Naturgewalten ist. Besonders fällt auf, daß Jesus „dem Winde droht", und zu dem aufgewühlten See sagt: „Schweig, sei still!" (Mk 4, 39). Er behandelt Wind und See wie dämonische Mächte.
In der Erzählung vom *Seewandel* ist bemerkenswert, daß es heißt: „Er kam . . . und wollte an ihnen *vorübergehen*" (Mk 6, 48). In dieser befremdlichen Aussage liegt der Schlüssel für das Verständnis des ganzen Textes. Im Alten Testament wird immer wieder das Erscheinen Gottes, die Nähe, die er seinem Volk erweist, als ein Vorübergehen dargestellt. Immer wieder heißt es: . . . da ging der Herr an ihm vorüber" (z. B. Ex 34; 1 Kön 19). Die Bedeutung der Sturmstillung und des Seewandels Jesu kann wiederum nur im Glauben an Christus erfaßt werden. Markus läßt am Schluß der Sturmstillungserzählung die Frage stellen: „Wer ist dieser Mensch, daß ihm sogar Wind und Meer gehorchen?" Markus leitet dazu an, mit dieser Frage zu leben.
Die Texte der Erscheinungs-, Geschenk- und Rettungswunder

setzen für das Entstehen ihrer vorliegenden Gestalt den *Osterglauben* der Urkirche voraus.
Ob und wieweit die *Einzelerzählungen* auf *konkrete Ereignisse* im Leben des geschichtlichen Jesus zurückgehen, läßt sich nicht mehr sicher beantworten. Die soeben skizzierte Beschaffenheit der Texte macht es schwerer als im Fall der Heilungen und Dämonenbannungen, *einzelne konkrete* Haftpunkte in der Zeit des vorösterlichen Jesus zu entdecken. Unser zurückhaltendes Urteil geht aber *nicht* etwa von der Behauptung aus, daß Ereignisse, wie sie in diesen Wundern vorliegen, *unmöglich* sind. Sondern die Vorsicht gegenüber der selbstverständlichen Annahme geschichtlicher Einzelereignisse ergibt sich aus der *theologisch-literarischen Eigenart der Texte*. Für eine kritische, aber gläubige Betrachtungsweise genügt es zu wissen, daß derartige Zeugnisse urchristlicher Verkündigung auf zwei hinreichend begründeten Grundpfeilern beruhen: auf dem großen Eindruck, den das Leben und der Einsatz des geschichtlichen Jesus hinterließen, und auf der Erfahrung, die Menschen mit dem auferstandenen Herrn gemacht haben.
Ähnliches gilt auch von den Texten der *Totenerweckungen*. Aber auch sie haben einen tiefen und wahrheitsgetreuen Sinn: Sie enthüllen in bildhafter Darstellung etwas von dem Unfaßbaren der Gestalt Jesu Christi und ihrer heilschaffenden Bedeutsamkeit für die Menschen. Sie sprechen deutlicher als andere Texte aus, daß er „die Auferstehung und das Leben" ist (Joh 11, 25) und daß durch ihn alle für den Menschen bedrohlichen Gewalten, selbst der Tod, ihre Macht verlieren. Diese Sicht war erst möglich nach der Auferstehung Christi. Deshalb gehört die Entstehung der genannten Texte wohl in die nachösterliche Zeit.
Unter den verschiedenen Gesichtspunkten, die in unserer bisherigen Darstellung zur Sprache kamen, spielte die Frage nach dem *Sinn* der Wundertaten Jesu und der Wundererzählungen eine große Rolle. Ihre Beantwortung sei abschließend noch einmal thesenartig zusammengefaßt. Denn in der Sinnerfassung der biblischen Wundererzählungen ist zugleich die wichtigste Orientierung für ein christliches Wunderverständnis überhaupt gegeben. In den Heilungen und Exorzismen Jesu und in allen Wundererzählungen der Evangelien soll

1. deutlich werden, *daß* in der geschichtlichen Wirksamkeit Jesu und im Wirken des Auferstandenen, Gottes Heil für die Menschen endgültig angebrochen ist und zu unaufhaltsamer Vollendung kommen wird.
2. deutlich werden, *wie* Gottes Heil für den Menschen beschaffen ist. Es umfaßt den ganzen Menschen, auch seine Leibgestalt und seinen Sozialbezug.
Und 3. soll deutlich werden, *wer* Jesus Christus ist: der eine, durch den Gott die Vollendung der Welt, der Menschen und ihrer Geschichte wirkt. Die Wundererzählungen wecken Zuversicht und begründen Hoffnung.

Benutzte und weiterführende Literatur

Fuller R. H.: Die Wunder Jesu in Exegese und Verkündigung. Patmos, Düsseldorf 1967

Gutbrod K.: Die Wundergeschichten des Neuen Testaments, Calwer Verlag, Stuttgart 1967

Kertelge K.: Die Wunder Jesu im Markusevangelium, Kösel, München 1970

Pesch R.: Jesu ureigene Taten? Herder, Freiburg/Basel/Wien 1970

Pfammatter J., Furger F. (Hrsg.): Theologische Berichte Bd. 5. Benziger, Zürich/Einsiedeln/Köln 1976

Staudigl G.: Wunder und Wundergeschichten. In: G. Staudigl, F. Weidmann: Modelle für den Religionsunterricht in der Sekundarstufe I. Auer, Donauwörth 1977, 170-176

Theißen G.: Urchristliche Wundergeschichten. Mohn, Gütersloh 1974

Weiser A.: Jesu Wunder – damals und heute. Kathol. Bibelwerk, Stuttgart, 4. Aufl. 1976

Weiser A.: Was die Bibel Wunder nennt. Kathol. Bibelwerk, Stuttgart, 3. Aufl. 1977

Weissmahr B.: Gottes Wirken in der Welt. Knecht, Frankfurt 1973

IV. Passionsgeschichte

1. Die Passion als historisches und theologisches Problem

In allen vier Evangelien nehmen die Texte vom Leiden und Sterben Jesu einen auffallend *breiten Raum* ein. Häufiger als sonst in den Evangelien wird die Abfolge der Geschehnisse durch *Zeitangaben* in eine bestimmte Reihenfolge gebracht. Deutlicher als sonst treten Einzelszenen und manche *Nebensächlichkeiten* (z. B. Mk 14, 51: Flucht ohne Gewand) in den Texten hervor. Dies alles könnte den Eindruck erwecken, gerade in den Passionstexten liegen exakte und möglichst „objektiv" verfaßte Geschichtsberichte vor, die den Hergang der Geschehnisse protokollarisch festgehalten haben und uns genaue Kenntnis über ihren Verlauf geben.
Wenn man aber die Angaben der verschiedenen Evangelien miteinander *vergleicht*, und darüber hinaus genauer zuschaut, *wie* erzählt wird, *welche Darstellungsmittel* damaliger Zeit aus dem Alten Testament und der biblischen Umwelt in die Texte einbezogen worden sind, und wenn man beachtet, *mit welcher Absicht* vom Sterben Jesu die Rede ist, wird deutlich: hier geht es um mehr als nur um ein Geschichtsprotokoll. Die Texte sprechen nicht nur von historischen Tatsachen, sondern sie bringen vor allem die *Heilsbedeutung der Geschehnisse* für die Menschen zum Ausdruck.
Es besteht kein Zweifel darüber, daß Jesus auf Betreiben der führenden jüdischen Kreise durch den römischen Prokurator Pontius Pilatus (von 26-36 n. Chr. in diesem Amt) zum Tode verurteilt und am Kreuz hingerichtet worden ist. Dieser historisch nicht zu bezweifelnde Tatbestand wird im Neuen Testament vielfältig ausgesprochen und ist auch außerbiblisch belegt. Der römische Geschichtsschreiber Tacitus berichtet in seinen Annalen (15, 44): „Christus ist unter der Regierung des Tiberius durch den Statthalter Pontius Pilatus hingerichtet worden." Im babylonischen Talmud ist von Jesu Hinrichtung am Rüsttag des Passah die Rede und als Grund wird angegeben: Verführung des Volkes und Zauberei (Sanhedrin 43). Trotz dieser unumstößlichen Tatsachen bleiben viele Einzel-

fragen offen. Wir wissen z. B. bis heute nicht das genaue Todesjahr und den genauen Todestag Jesu. Nach dem Zeugnis der *drei ersten* Evangelien feiert Jesus am Abend das Passah-Mahl, wird in der Nacht gefangen genommen, vor der jüdischen und römischen Behörde verhört, und er stirbt am Passah-Fest, nach jüdischem Kalender am 15. Nisan. Der Darstellung des *vierten* Evangeliums gemäß stirbt Jesus aber bereits an dem Nachmittag, an dem im Tempel die Passah-Lämmer geschlachtet und erst am Abend das Passah-Mahl in den Häusern gegessen wurde, also am 14. Nisan. Solche Unterschiede zeigen: Es geht den Verfassern und den Überlieferungen, denen sie folgen, nicht nur und in erster Linie um Historie, sondern vor allem um theologische Zielsetzungen. Den drei ersten Evangelisten ist aus liturgischem Interesse mehr an der Hervorhebung des Abendmahls Jesu als einem Passah-Mahl gelegen, um auf diese Weise der urchristlichen Passah-Feier Rechnung zu tragen; Johannes hob stärker den auch sonst im Urchristentum vertretenen Gedanken hervor, daß Jesus selbst das wahre Passah-Lamm sei. Folge derartig verschiedener theologischer Akzentuierungen sind die unterschiedlichen Zeitangaben.

Das *historische* Problem stellt sich also angesichts der konkreten theologischen Eigenart der Texte. Es besteht in der Frage: Welche historischen Einzelheiten vermitteln die Passionserzählungen wirklich?

Das *theologische* Problem meldet sich in der Frage zu Wort: Wie kam es dazu, daß man berechtigterweise dem Leiden und Sterben Jesu universale Heilsbedeutung beimaß? Wo liegen die Wurzeln dafür? Wie hat sich aus den wurzelhaften Anfängen das vielverzweigte Geäst urchristlicher Kreuzestheologie entfaltet? Welche Stufen der Entwicklung sind in den uns vorliegenden Texten noch erkennbar? Welchen Wachstums- und Gestaltungsprozeß haben sie durchgemacht? Diese Fragestellungen und die Richtung, in der die heutige Forschung Antworten versucht, seien noch ein wenig verdeutlicht.

Es war durchaus keine Selbstverständlichkeit, daß Menschen durch den Tod Jesu veranlaßt wurden, zu bekennen, Jesus sei für das Heil der Welt gestorben. Sein Tod war nach menschlichem Ermessen der Tod eines Verbrechers, nach jüdischen

Maßstäben der Tod eines Gesetzlosen und Gotteslästerers, über dem der Fluch Gottes selbst liegt. So las es der fromme Jude im Buche Deuteronomium, und so zitiert es Paulus: „Jesus nahm für uns den Fluch auf sich. Denn es steht in der Schrift: Verflucht ist jeder, der an den Pfahl gehängt wird" (Gal 3, 13). Gemeint war damit die Steinigung des verurteilten Kapitalverbrechers, dessen Leichnam auf einen Pfahl gehängt wurde zum Abscheu für alle. Obwohl Jesus nicht nach dieser jüdischen Hinrichtungsart gestorben war, sondern nach der römischen, konnte man das alttestamentliche Wort auf ihn anwenden; denn die Kreuzigung nach römischer Art geschah so, daß auch hier der Hinzurichtende an einem Querbalken befestigt auf einen senkrecht stehenden Pfahl gehoben wurde und an ihm starb. In dieser Weise waren schon Hunderte von Juden während der Römerherrschaft gestorben. Was zeichnet unter diesen vielen den Tod Jesu aus? Auch die Kreuzesinschrift sagt nicht: dieser Eine stirbt zum Heil für alle. Sie nennt keinen theologisch-religiösen Grund und Sinn, sondern formuliert: er stirbt als staatsgefährlicher Konkurrent des römischen Kaisers; sein Wirken habe im Volk den Gedanken aufkommen lassen, er sei „Der König der Juden" (Mk 15, 26). Aber selbst seine Jünger und Freunde knüpften in seiner Todesstunde an ihn keine Hoffnungen mehr, obwohl er doch bei der Feier des eucharistischen Mahles auf den Heilssinn seines Sterbens hingewiesen hatte. Bei der Gefangennahme „verließen ihn alle und flohen" (Mk 14, 50), und Petrus verleugnete ihn sogar.

Zur Einsicht, daß der Tod Jesu doch nicht vergeblich war, sondern heilstiftenden Sinn hatte, kam man erst, als man Jesus als den durch Gott von den Toten Auferweckten erfuhr. Die Auferweckung Jesu wurde in urchristlichen Kreisen u. a. verstanden als Gottes Ja zu Jesus, zu seinem Einsatz und seiner Botschaft. Jetzt war deutlicher geworden als vorher, daß Gott hinter dem Wirken und Wort des irdischen Jesus gestanden hatte und daß er und nicht seine Gegner im Recht waren. Waren schon sein irdisches Leben und Verhalten gekennzeichnet durch das Wort „für andere", so galt dies auch für sein Sterben; denn er nahm es in Konsequenz seines Einsatzes „für die anderen" und in Gehorsam gegenüber dem Auftrag

Gottes willig an. Vermochte schon die Liebe, die Jesus den anderen zu Lebzeiten erwies, Menschen aus Krankheiten, Ängsten, Zwängen und Sünden zu befreien, wie viel mehr dann jene Liebe, die sich in der Hingabe des Todes ganz verschenkte und für sich selbst nichts mehr zurückbehielt. Wenn überhaupt so etwas möglich ist, dann konnte ihr Gott einen für alle Menschen heilschaffenden Sinn einstiften. Die Erfahrungen, welche die Zeugen mit dem auferweckten Christus machten, weckten die Einsicht, daß wirklich dies geschehen sei. Diese urchristliche Grundeinsicht artikulierte sich bei verschiedenen Gelegenheiten, etwa anläßlich der Eucharistie- oder Tauffeier, der Predigt oder Katechese, und in verschiedenen Sprachformen. Zu den ältesten, schon vorpaulinisch *formelhaft* geprägten Aussagen gehört z. B. „Christus ist für unsere Sünden gestorben gemäß der Schrift" (1 Kor 15, 3). Zu den ältesten *erzählenden* Texten gehört vermutlich der Kreuzigungsbericht. Der Evangelist Markus hat ihn bei der Aufnahme in sein Evangelium (Mk 15, 20b-41) durch einige Zusätze erweitert. Der vormarkinische Text (Mk 15, 20b-41) berichtet das Hinausführen zur Richtstätte, die Hilfe beim Kreuztragen durch Simon von Zyrene, das Anbieten des Myrrhe-Weines, die Verteilung der Kleider, die Verspottung, die Verfinsterung der Sonne, den Verlassenheits-Ruf Jesu, den Essigtrank, den Todesschrei und Tod Jesu. An diesem vorevangeliaren Überlieferungsstück fällt auf, daß es zwar sehr schlicht und nüchtern berichtet, aber mehrfach die Sprache des Alten Testaments benützt, sei es durch direkte Zitation von Ps 22 (Verteilung der Kleider, Verspottung, Verlassenheitsschrei) und Ps 69 (Essigtrank), sei es durch erzählerische Anspielung: die Verfinsterung der Sonne ist im Anklang an die Finsternis am Jüngsten Tag, wie der Prophet Amos Kap. 5 und 8 sie schildert, dargestellt. Es geht in dieser sehr alten Form des Erzählens noch nicht um den Gedanken der Schrift-*Erfüllung* und des Schrift-*Beweises*, sondern darum, durch Rückgriff auf die Texte der Heiligen Schrift deutlich zu machen, daß in den berichteten Geschehnissen sich von Gott her gelenkte, heilige Geschichte vollzieht. Im alten Text fehlen auch noch die Würdenamen für Jesus, und auch von den Jüngern ist keine Rede. Jesus stirbt in tiefster Verlassenheit.

Der Evangelist Markus dürfte diesem Bericht hinzugefügt haben die Übersetzungen „Schädelstätte" (V. 22) und des Verlassenheitsschreies Jesu (V. 34), die Ausgestaltung der Verspottungsszenen (in den Versen 29-32), das Zerreißen des Tempelvorhangs und das Bekenntnis des heidnischen Hauptmanns: „Wahrhaftig, dieser Mensch war Gottes Sohn!" (V. 39). In diesen Teilen des Textes lassen sich typisch markinische Akzente erkennen.

Ähnliche Beobachtungen in bezug auf Entstehung und Wachstum der Texte lassen sich in der gesamten Passionsgeschichte machen. Der Kreuzigungsbericht war ja nicht der einzige Teil der vormarkinischen Passionserzählung. Sicher reichte sie bereits von der Darstellung der Gefangennahme bis zum Begräbnis Jesu (vielleicht war sie noch länger). Aber ebenso sicher ist auch, daß in dieses größere Erzählganze der vorevangeliaren Überlieferung die Evangelisten selbst noch Teile zugefügt haben. Erst Markus wird u. a. mit der Passion verbunden haben die Salbung in Betanien (14, 3-9), die Vorbereitung des Passah-Mahles (14, 12-16) und das Abendmahl selbst (14, 22-25). Mattäus fügte noch hinzu die Schilderung vom Tod des Judas (Mt 27, 3-10) und von der Bewachung des Grabes (17, 62-66). Lukas berichtet überdies die Szene vor Herodes (Lk 23, 6-12) und erwähnt die klagenden Frauen (23, 27-31). Der Evangelist Johannes, der im ganzen anderen Überlieferungen folgt als die drei ersten Evangelisten, setzt ebenfalls *seine* Akzente. Er hat z. B. die Szene Jesus vor Pilatus beträchtlich erweitert (18, 28-38), und nur er überliefert Jesu letztes Wort, gerichtet an den Lieblingsjünger und an die Mutter Jesu (19, 25-27). Wer der Tatsache gerecht werden will, daß uns die Evangelien nicht nur *eine* Darstellung von der Passion Jesu bieten, sondern *vier verschiedene*, der muß auch versuchen, die besondere Aussageabsicht des jeweiligen Evangelisten zu erfassen. Darin besteht die theologische Aufgabe.

2. Die Passionsgeschichte vor dem Hintergrund des Alten Testaments

Auf den ersten Blick mag es vielleicht belanglos erscheinen, daß die Passionstexte immer wieder auf das Alte Testament Bezug nehmen. Viele Christen haben nur ein sehr schwaches, manche sogar ein „gestörtes Verhältnis“ zum Alten Testament. Bei den aus dem Judentum stammenden Gliedern urchristlicher Gemeinden war das anders. Ihre Heilige Schrift war die Sammlung der Bücher, die wir Christen das Alte Testament nennen. Als Juden waren sie gewohnt, aus ihnen die Weisungen Gottes zu erfahren; aus ihnen versuchten sie, die Antwort Gottes auf ihre Lebensfragen zu erhalten, auch auf die Fragen, wie und durch wen Gott sein Heil wirkt. Für Menschen, denen dieser Denk- und Sprachhorizont eigen war, war es selbstverständlich, daß sie auch Leben und Geschick Jesu auf diesem Hintergrund sahen. Sollte Jesus wirklich der von Gott gesandte Heilbringer sein, dann mußte sein Leben und sein Geschick im Einklang stehen mit dem, was das gläubige Judentum aus dem schriftgewordenen Niederschlag der bisherigen Gottesoffenbarung entnehmen konnte. Christen jüdischer Herkunft versuchten deshalb immer wieder, das, was sich mit Jesus zugetragen hatte, bereits im Alten Testament angezeigt zu finden. Diese Besinnung auf das Alte Testament konnte aus verschiedenen Gründen geschehen, etwa um im *meditierenden Umgang* mit der Schrift innerhalb urchristlicher Gruppen immer mehr der von Gottes Heilsplan herrührenden Tiefendimensionen der Lebenshingabe Jesu inne zu werden, oder um in der *Verkündigung* vor Juden und in *Auseinandersetzung* mit ihnen von der Schrift her zu *erweisen*, daß Jesus – obwohl abgelehnt und getötet – doch der Messias sei. Gerade Letzteres stellte ja für Juden ein großes Problem dar: Das vorchristliche Judentum kannte nicht die Gestalt eines leidenden und gekreuzigten Messias. Texte des Alten Testamentes, die von stellvertretendem Sühneleiden sprachen, wie das Lied vom Gottesknecht (Jes 53), hatte man nie auf den Messias bezogen. Wer aufgehängt am Pfahl starb wie Jesus, galt als Schwerverbrecher (Dt 21). Wie konnte er der von Gott erwählte Messias sein? Ein für Juden nur äußerst schwer vollziehbarer Gedanke! Um diese fast unüberbrückbare Kluft doch zu überbrücken, um sich selbst und anderen immer wieder neu und tiefer das nur schwer Begreifliche bewußt zu machen, daß in und an Jesus der eine Gott Israels gehandelt habe, bedurfte es im Urchristentum des intensiven Umgangs mit der Heiligen Schrift.

Wie dieses Einbeziehen alttestamentlicher Texte geschah, sei am Beispiel der Markus-Passion gezeigt. In den Kapiteln 14 und 15 des Markusevangeliums begegnen wir mehr als 10 Bezugnahmen auf das Alte Testament: Die Bezeichnung des Verräters durch Jesus geschieht mit den Worten: „Amen, ich sage euch, einer von euch wird mich verraten, einer, *der mit mir ißt*" (14, 18). Der Schluß dieser Vorhersage ist mit Worten aus Ps 41, 10 wiedergegeben, wo sich die Klage des Leidenden äußert: „Auch mein Freund, dem ich vertraute, der mein Brot aß, hat sich gegen mich erhoben." – Im Kelchwort der markinischen Abendmahlsüberlieferung heißt es: „*Dies ist mein Blut, das Blut des Bundes* . . . " (14, 24). Zurückgegriffen ist hier auf Ex 24, 8, wo Mose anläßlich der Schließung des Bundes zwischen Gott und Israel das Volk mit Blut besprengt und dazu erklärt: „Seht, dies ist das Blut des Bundes . . . ". – Auf dem Weg vom Abendmahlssaal zum Ölberg läßt Markus im Zusammenhang mit der Vorhersage der Petrusverleugnung und Jüngerflucht Jesus ein Wort des Propheten Sacharja zitieren: „*Ich werde den Hirten schlagen, und die Schafe werden zerstreut werden*" (14, 27; Sach 13, 7). Es liegt hier die einzige Stelle der markinischen Passionserzählung vor, in der das alttestamentliche Wort ausdrücklich als Zitat eingeführt wird. Markus benutzt dabei die Formel: „denn es steht geschrieben". – Das wörtlich wiedergegebene Gebet Jesu in Getsemani: „*Meine Seele ist betrübt bis in den Tod*" (14, 34) knüpft an einen Gebetsgedanken von Ps 42, 6.12 an: „Meine Seele, warum bist du so betrübt und so unruhig in mir?" – Jesu Antwort auf die Frage des Hohenpriesters, ob er der Messias, der Sohn des Hochgelobten , sei, lautet: „Ich bin es. Und ihr werdet den Menschensohn *zur Rechten der Macht sitzen* und *mit den Wolken des Himmels kommen* sehen" (14, 62). Diese Antwort ist zusammengesetzt aus Ps 110, 1 „Es sprach der Herr zu meinem Herrn: Setze dich zu meiner Rechten . . . "

und Dan 7, 13: „Und siehe, auf den Wolken des Himmels kam einer wie ein Menschensohn". Der erste Text entstammt einem der Königslieder Israels, der zweite den Visionen, die im Danielbuch ihren Niederschlag gefunden haben. – Der Kreuzigungsbericht ist besonders reich an alttestamentlichen Bezugnahmen. Die *Verteilung der Kleider Jesu* wird erzählt, indem ohne Einführungsformel Worte aus dem Klagelied des leidenden Gerechten Ps 22, 8 verwendet werden: *„Sie teilten seine Kleider und warfen über sie das Los"* (Mk 15, 24). – Die Erwähnung, daß die Vorübergehenden den *Kopf schütteln* und spotten ist in wörtlicher Anlehnung an Ps 22, 7 formuliert: „Alle, die mich sehen, spotten meiner, verziehen die Lippen und *schütteln den Kopf*" – In der Schilderung der *Sonnenfinsternis* (15, 33) ist das Motiv prophetisch-apokalyptischer Gerichtsdarstellung aufgenommen. Es begegnet besonders eindrucksstark beim Propheten Amos: „Es wird geschehen an jenem Tag – Ausspruch des Gebieters und Herrn – da laß ich die Sonne schwinden am Mittag, bringe Finsternis über die Welt am lichten Tag . . . ich mache es wie die Trauer um den einzigen Sohn . . . " (Amos 8, 9 f.). Die Aufnahme derartiger Gedanken und Ausdrucksweisen durch den neutestamentlichen Erzähler läßt erkennen, daß er dem Sterben Jesu kosmische Dimensionen und endzeitliche Bedeutung für die Menschen im Sinne von Heil und Gericht beimißt. – Jesu letztes artikuliertes Wort ist der Anfang von Ps 22: *„Mein Gott, mein Gott, warum hast du mich verlassen?"* (Mk 15, 34). Jesus erscheint hier wie der alttestamentliche Beter in tiefster Verlassenheit, Einsamkeit und menschlicher Todesnot. Aber das Gebetswort ist dennoch kein Verzweiflungsschrei. Der Beter weiß noch, zu wem er aus seinem Abgrund schreien kann. – Die Darreichung des *Essigtranks* vor dem Verscheiden Jesu (15, 36) ist im Anklang an das Leidenslied Ps 69, 22 ausgedrückt. Dort sagt der Beter „Sie gaben mir Gift zur Speise und Essig zu trinken für meinen Durst."
Der Überblick läßt erkennen: Das Leiden und Sterben Jesu wird mit Hilfe wörtlicher Zitate und freier Ausspielungen auf alttestamentliche Motive und Aussagen erzählt. Die Erzählung ist durchwaltet von der Absicht, deutlich zu machen: Selbst in diesem berichteten „unheiligen Geschehen" ereignet

sich heilige, vom Gott Israels her gelenkte Geschichte, ja sogar das Entscheidendste seines Heilswirkens für die Menschen. Markus stellt dar, daß „der Menschensohn seinen Weg geht, wie geschrieben steht“ (14, 21); aber er stellt die Geschehnisse nicht – wie z. B. Mattäus – betont in den Zusammenhang von Weissagung und Erfüllung. Bei Markus klingt dieser Gedanke nur einmal an bei der Gefangennahme Jesu: „Die Schrift muß in Erfüllung gehen“ (14, 49); aber selbst hier führt Markus den Schriftbeweis nicht durch einen wörtlichen Beleg aus.

3. Die Passionsgeschichte vor dem Hintergrund der Gemeindeerfahrung

Die Passionsdarstellung ist nicht nur geprägt durch geschichtliche Erinnerung, durch alttestamentliche Schriftmeditation und -argumentation, sondern sie ist auch geformt durch bewußte Bezugnahme auf die Situation christlicher Gemeinden und ihrer Einzelglieder. Die Christengemeinde des Markus wußte sich zwar geeint im *Bekenntnis zu Christus*, aber sie erlebte doch auch bereits *harte Anfechtungen*, sei es durch Verfolgung, sei es durch die Beanspruchungen, denen jeder Glaubende täglich ausgesetzt ist. Die Markus-Passion läßt deutliche Akzente erkennen, die diesen Gemeindeerfahrungen Rechnung tragen. Sie leitet die Gemeindeglieder an, sich selbst in bestimmten Personen und Situationen der Passionsgeschichte zu erkennen und zu überprüfen. Der Leser soll einsehen, daß er selbst in der Gefahr steht, zu hassen wie die führenden Gegner Jesu, zu verraten wie Judas, davonzulaufen wie die Jünger, zu verleugnen wie Petrus.
Bereits die Erzählung von der *Salbung in Betanien* (Mk 14, 3-9) enthält einen gemeindekritischen Akzent: Tischgäste mokieren sich darüber, daß die Frau Jesus zu aufwendig verehrt; sie haben Sorge, die Armen würden dadurch benachteiligt. Diese Besorgnis ist in den Gemeinden lebendig. Markus gibt zu bedenken, daß die Liebe zu den Armen ihre wirksame Kraft aus der Liebe zu Jesus erhält. Sie darf und wird immer auch mit äußeren Formen der Verehrung verbunden sein.

Die *Mahlszene* (Mk 14, 17-21) ist ganz vom Thema der *Verratsankündigung* beherrscht. Es geht um den Verrat, den Judas ausüben wird. Aber wohlgemerkt: Judas wird gekennzeichnet als einer aus dem engsten Kreis der Jesusgefolgschaft, als einer, der die Mahlgemeinschaft mit Jesus teilt. Die Möglichkeit, Jesus zu verraten, steckt nicht nur in ihm. Auch *alle anderen* fragen: „Doch nicht etwa ich?" Damit hat Markus ausgesprochen, daß hier von den erschreckenden Möglichkeiten eines jeden Christen die Rede ist, selbst wenn einer beteuert wie Petrus: „Wenn alle an dir irre werden, ich nicht!" Markus spricht von der Treulosigkeit des Judas nicht wie von einem Fehlverhalten, das einen selbst nichts angeht; wenn es erspart bleibt, hat er es nicht eigener Leistung, sondern der Bewahrung durch Christus zu danken.

Jesu Wachen in Getsemani und das *Schlafen der Jünger* (Mk 14, 32-42) sind in bewußtem Kontrast dargestellt. Die dreimalige Aufforderung Jesu an die Jünger, zu wachen und zu beten, zumal in der Stunde der Versuchung, lassen auch hier die an alle Christen gerichtete Mahnung erkennen. Außerdem drückt sich in dem Wort „Der Geist ist willig, aber das Fleisch ist schwach" eine Erfahrung aus, wie sie Markus aus dem Leben seiner Mitchristen kannte und wie sie auch wohl keinem heutigen Leser seines Evangeliums fremd ist.

Bei der *Verhaftung Jesu* (Mk 14, 43-52) *fliehen alle Jünger*. Jesus geht nun allein seinen Leidensweg. Das Wort „verlassen" verwendet Markus sonst, um die Bereitschaft auszudrükken, wegen der Nachfolge Jesu alles daranzugeben (1, 18.20; 10, 28); hier aber ist es als Gegenbegriff zur Nachfolge verstanden und bedeutet die Aufkündigung der Gemeinschaft mit Jesus. Auch dies geht die Leser an! Erst durch den Auferstandenen werden die Sammlung und der Neuanfang möglich (14, 28).

Zu selbstkritischer Besinnung will auch die zu einem kontrastierenden Doppelbild gestaltete Szene *Jesus vor dem Hohen Rat* und *Verleugnung des Petrus* (Mk 14, 53-72) führen. Jesus, der Meister seiner Jünger, antwortet auf die Frage des Hohenpriesters, ob er der Messias, der Sohn des Hochgelobten sei: „Ja, ich bin es", und er nimmt dafür das Todesurteil hin. Petrus aber, der Führer der engsten Gefolgschaft Jesu, verweigert dreimal das Bekenntnis zu ihm und schwört: „Ich kenne diesen Menschen nicht!“ Der Evangelist will, daß diese gegensätzlichen Verhaltensweisen des Bekennens und Verleugnens zusammen gesehen werden. Darauf macht er schon in den Einleitungssätzen V. 53 f. aufmerksam. Das Doppelbild mahnt: niemand in einer Christengemeinde soll sich selbstsicher fühlen und meinen, vor dem Fall bewahrt zu sein, wenn einem Mann wie Petrus bittere Niederlagen nicht erspart blieben.

In den bisher aufgeführten Beispielen wurden Gemeindeerfahrungen deutlich, die den Evangelisten Markus veranlaßten, Kritik und Ermahnung auszusprechen. Außer diesen „negativen“ Erfahrungen melden sich in den Texten aber auch „positive“ zu Wort. Zu ihnen gehören etwa die Bereitschaft, sich trotz eigenem Versagen immer wieder neu an Jesus und seinem Weg zu orientieren und sich zu ihm im Glauben zu bekennen. Wie sich dies in den Texten ausdrückt, sei verdeutlicht unter dem Gesichtspunkt:

4. Der christologische Aspekt

Nach dem Evangelisten Markus besteht kein Zweifel darüber, daß Jesus der Sohn Gottes ist. Schon der erste Satz des Evangeliums drückt dies programmatisch aus: „Anfang des Evangeliums von Jesus Christus, dem Sohn Gottes“. Die Stimme vom Himmel anläßlich der Taufe und Verklärung Jesu (Mk 1, 11; 9, 7) nennt ihn den „geliebten Sohn“. An den zwei christologischen Höhepunkten der Passionserzählung, dem Verhör durch den Hohenrat und in der Todesstunde spielt der Sohn-Gottes-Titel ebenfalls eine entscheidende Rolle: In der Verhörszene (Mk 14, 53-65) fragt der jüdische Hohepriester vor dem versammelten Hohenrat, ob Jesus der Messias, „der Sohn des Hochgelobten“ sei, und in der Sterbeszene (15, 33-39) bekennt der heidnische Hauptmann: „Wahrhaftig, dieser Mensch war Gottes Sohn“. Die Art und Weise der Verwendung des Gottes-Sohn-Titels im Markusevangelium gibt Aufschluß darüber, wie Markus diese Würdenbezeichnung Jesu verstanden hat. Sie macht auf manches aufmerksam, was im christlichen Bekenntnis zu Jesus als dem Gottessohn zu jeder Zeit der Beachtung verdient.

Markus hat den Sohn-Gottes-Titel mit Bedacht verwendet. Das ergibt sich aus der Verteilung der wenigen Stellen über das ganze Evangelium hin. Besonders bemerkenswert ist aber, daß er das Bekenntnis zu Jesus, dem Gottessohn, auf den Lippen eines Menschen zum ersten Mal in der Todesstunde Jesu aussprechen läßt. Vorher schreien zwar die Dämonen, erschallt die Stimme vom Himmel, fragt der Hohepriester – aber als christliches Bekenntnis ausgesprochen wird die Sohn-Gottes-Würde Jesu erst unter dem Kreuz, in der Stunde tiefster Ohnmacht, Verlassenheit und Erniedrigung. Markus läßt durch diese Darstellungsweise erkennen, worin er das Bekenntnis begründet sieht und wie er es verstanden wissen möchte: Jesus gilt ihm nicht schon als Gottessohn wegen außergewöhnlicher, erstaunlicher Taten, sondern weil er ganz dem Willen Gottes gemäß den Weg liebender Hingabe bis zur Vollendung gegangen ist. Was dies bedeutet, wird besonders klar, wenn man bedenkt: Markus schrieb sein Evangelium für Christen, die aus dem Heidentum kamen. Sie brachten von dorther ihre Vorstellung von Götter-Söhnen mit. Sie bestand darin, daß man aufgrund äußerer Machterweise manche Menschen als Götter-Söhne betrachtete. Aber wie ganz anders ist das Sohn-Gottes-Verständnis des Markus und seiner Gemeinde! In der Todesstunde erreicht die durch das ganze Markusevangelium sich hinziehende Verhüllung des wahren Wesens Jesu, das „Gottessohn-Geheimnis“, die höchste Intensität, und doch lichtet sich gerade in dieser Stunde zum erstenmal das „Unverständnis“ gegenüber Jesus. – So, wie Leiden und Kreuz nach Markus zum Wesen des Gottessohnes gehören, gehören sie auch in das Leben des Jüngers: „Wer zu mir gehören will, . . . nehme sein Kreuz auf sich und folge mir nach“ (8, 34). Dies führt aber letztlich nicht zum Untergang, sondern wie die markinische Fortsetzung dieses Satzes sagt: zur Rettung des Lebens.

Wie die Botschaft vom Kreuz für unser Leben Bedeutung bekommen kann, läßt sich nur im Zusammenhang der christlichen Osterbotschaft erschließen. Auch die Passionsgeschichte des Markus und aller anderen Evangelisten endet ja nicht mit

Jesu Tod und Begräbnis, sondern mit der Bezeugung seiner Auferweckung. Auch wir wollen deshalb zunächst die christliche Osterbotschaft darstellen, und dann von ihr her auf die Botschaft vom Kreuz zurückkommen.

Benutzte und weiterführende Literatur

Blinzler J.: Der Prozeß Jesu. Pustet, Regensburg, 4. Aufl. 1969

Dormeyer D.: Die Passion Jesu als Verhaltensmodell. Aschendorff, Münster 1974

Goldschmidt H. L., Limbeck, M.: Heilvoller Verrat? Judas im Neuen Testament. Kathol. Bibelwerk, Stuttgart 1976

Jost G., Knobloch N.: Passion (Unterrichtsmodell 24). Kösel, München 1976

Kessler H.: Die theologische Bedeutung des Todes Jesu. Patmos, Düsseldorf 1970

Pesch R.: Das Markusevangelium II. Teil. Herder, Freiburg/Basel/Wien 1977

Schenke L.: Studien zur Passionsgeschichte des Markus (14, 1-42). Echter, Würzburg, Kathol. Bibelwerk, Stuttgart 1971

Schenke L.: Der gekreuzigte Christus. Kathol. Bibelwerk, Stuttgart 1974

Schneider G.: Die Passion Jesu nach den drei älteren Evangelien. Kösel, München 1973

Schürmann H.: Jesu ureigener Tod. Herder, Freiburg/Basel/Wien 1975

Schweizer E.: Das Evangelium nach Markus. Vandenhoeck u. Ruprecht, Göttingen 1967

Speidel K.: Das Urteil des Pilatus. Kathol. Bibelwerk, Stuttgart 1976

V. Die Botschaft von der Auferstehung

1. Quellen und Traditionen

Die älteste und grundlegende schriftliche Quelle über die Auferstehung Christi ist das Neue Testament. Weder in der zeitgenössischen Profanliteratur der griechisch-römischen Antike noch in den Schriften des Judentums findet sich ein Reflex darüber, daß Christus auferstanden sei. Daß die alttestamentlichen Bücher die Auferstehung Christi als bereits geschehenes Ereignis nicht bezeugen können, ist wegen ihrer zeitlichen Priorität ja eine Selbstverständlichkeit; daß sie aber die Auferstehung des Messias (= Christi) auch als ein künftiges Geschehen nicht bezeugen, etwa im Sinne messianischer Weissagungen, bedarf doch eigener Erwähnung. Beziehen sich nicht die urchristlichen Verkündiger und neutestamentlichen Schriftsteller immer wieder ausdrücklich auf alttestamentliche Aussagen über die Auferstehung des Messias? So etwa zitiert Petrus in der Pfingstrede der Apostelgeschichte (2, 27) zum Erweis der Auferstehung Christi Ps 15 (16), 10:

> „Du überläßt meine Seele (= mich) nicht der Unterwelt, und läßt deinen Heiligen nicht schauen die Verwesung“

und Paulus schreibt an die Gemeinde in Korinth:

> „Christus ist ... auferweckt worden gemäß den Schriften ... “ (1 Kor 15, 4; mit den Schriften ist das Alte Testament gemeint).

Zeigen diese Stellen nicht in aller Deutlichkeit, daß bereits im Alten Testament die Auferstehung des Messias klar ausgesprochen und vorhergesagt war? Nein! So einfach ist es nicht, denn man muß beachten:

1. Im vorchristlichen Judentum wurde keine derartige alttestamentliche Aussage auf den Messias bezogen; das zeigt die jüdische Literatur.

2. Die zitierte Stelle aus Ps 15 (16), 10 spricht ursprünglich nicht von einer Auferweckung aus dem Tod, sondern von einer Errettung aus Todesgefahr.

3. Die Deutung derartiger Aussagen auf den Messias hin war erst möglich, nachdem sich Tod und Auferstehung an Jesus von Nazaret ereignet hatten; erst im Lichte dieser Geschehnisse gewannen die alttestamentlichen Aussagen von Tod und Auferstehen, Erniedrigung und Erhöhung (Jes 53) messianische Relevanz.

4. Das Verfahren der Urkirche, sich bei der Verkündigung von Tod und Auferstehung Christi auf das Alte Testament zu berufen, war notwendig; denn auch hier gilt: nur in dem Maße, wie es den ersten Christen gelang, das Schicksal Jesu im Lichte der Aussagen des Alten Testamentes darzustellen, konnte es überhaupt gelingen, jüdische Hörer zum Glauben an Jesus als ihren Messias zu führen. Das Alte Testament stellte ja für den gläubigen Juden die einzige verbindliche Gottesoffenbarung dar.

5. Es verdient aber, eigens hervorgehoben zu werden, daß die Bezugnahme des Urchristentums auf das Alte Testament und die damit verbundene neue, vertiefte Verständnisweise legitim und nicht etwa eine Verfälschung waren.

Während also das Neue Testament die *einzige* schriftliche Quelle über die Auferstehung Christi ist und sie außerhalb von ihm *nirgendwo* erwähnt wird, gilt es zu beachten, daß innerhalb des Neuen Testaments sie fast *alle* 27 Einzelschriften ausdrücklich bezeugen. Das ist ein Hinweis auf die *zentrale* Stellung, die die Auferstehungsbotschaft im Neuen Testament hat. Er wird bestätigt durch die wichtige Rolle, die die Überzeugung, Christus sei von den Toten auferstanden, in allen Lebensbereichen des Urchristentums spielte: im Gottesdienst, bei der Missionierung, bei der Überlieferung der Worte und Taten Jesu, bei der Taufunterweisung, bei der Ermahnung zu christlicher Lebensgestaltung. Daß die Osterbotschaft in den genannten Lebensbereichen ihren „Sitz im Leben“ hatte, zeigt sich noch deutlich an den verschiedenen literarischen Gattungen, in denen sie innerhalb des Neuen Testamentes enthalten ist. Jede literarische Gattung ist ja einer bestimmten soziologischen Situation zugeordnet. Das Zeugnis der Auferstehung Christi drückt sich dementsprechend unter anderem aus in gottesdienstlichen Liedern (Phil 2, 6-11), in der Missionspredigt vor Juden (Apg 2, 24) und Heiden (Apg 17, 31), in katechetischen Glaubensformeln (1 Kor 15, 3-5) und in der Ermahnung (Röm 14, 5-9). Von der äußeren Gestalt her lassen sich vor allem zwei Hauptformen der Osterverkündigung und der Begründung des neutestamentlichen Auferstehungsglaubens unterscheiden, denen wir im folgenden gesondert nachgehen wollen: die *Glaubensformel*, wie sie etwa besonders deutlich ausgeprägt im ersten Korintherbrief erhalten ist und die *Ostergeschichten* der Evangelien.

2. Die Auferstehungsbotschaft der paulinischen Glaubensformel

Das älteste Zeugnis, das ausdrücklich die Auferstehung Jesu bekennt, steht in 1 Kor 15, 3-7. Der Korintherbrief ist zwar nicht das älteste Schriftstück des Neuen Testamentes. Er stammt aus der Zeit um 55 n. Chr. Vorher hatte Paulus schon zwei Briefe nach Thessalonich geschrieben. Aber das, was Paulus über die Auferstehung Christi in dem Schreiben nach Korinth sagt, ist älter als der Brief selbst: Bevor er auf die Auferstehung zu sprechen kommt, sagt er seinen Adressaten, daß er sie an das erinnern möchte, was er ihnen bei seiner ersten Predigt in Korinth verkündet hatte (V. 1). Das war in den Jahren 51/52 n. Chr. Damals war die Auferstehung bereits der Kern seiner Predigt.

Das Zeugnis reicht aber noch weiter zurück, denn Paulus sagt: Ich habe euch verkündet, was ich selbst bereits übernommen hatte. Er sieht sich also selbst bereits als Empfänger des Wortes an, das er in den folgenden Versen zitiert, und er weist ihm damit ein Alter zu, das noch weiter zurückreicht als seine erste Predigt in Korinth. Sprachliche Untersuchungen haben gezeigt, daß Paulus nicht nur den Inhalt, sondern den Text der Verse 3-5 als eine fest geformte Einheit übernommen hat, die durch häufige Wiederholung geprägt war. Auch an anderen Stellen des Neuen Testamentes finden wir solch alte Traditionsstücke in jüngere Zusammenhänge eingefügt (z. B. 1 Kor 11, 23-25; Phil 2, 6-11; 1 Tim 3, 16). Aus all dem ergibt sich: der Glaube an die Auferstehung Christi gehört zum ältesten

Bestand der christlichen Predigt und nimmt in ihr eine zentrale Stellung ein.

Nun der Wortlaut des Textes. Paulus schreibt:

> „Ich habe euch vor allem weitergegeben, was ich selbst empfangen hatte:
> daß Christus starb für unsere Sünden gemäß den Schriften
> und daß er begraben wurde,
> und daß er auferweckt worden ist am dritten Tage gemäß den Schriften
> und daß er erschien dem Kephas, dann den Zwölfen. –
> Darauf erschien er über 500 Brüdern auf einmal,
> von denen die meisten noch bis jetzt leben, einige aber entschlafen sind.
> Darauf erschien er dem Jakobus, dann allen Aposteln.
> Zuletzt von allen, gleichsam der Fehlgeburt, erschien er auch mir" (1 Kor 15, 3-8).

Wir wollen uns die wichtigsten Aussagen dieses Textes vergegenwärtigen. Was sagen sie? Sie bringen zunächst vier Geschehnisse ins Bewußtsein: Christus ist gestorben – er wurde begraben – er ist auferweckt worden – er erschien.

a) Es heißt also zunächst: *Er starb*.

Gemeint ist damit der Tod Jesu am Kreuz. In den Augen eines Juden konnte ein so gescheiterter Mensch der Messias nicht sein, mochte er vorher gesagt und getan haben, was er wollte. Das vorchristliche Judentum kannte keinen leidenden und sterbenden Messias. Wer am Holze aufgehängt worden war wie Jesus, hatte ein todeswürdiges Verbrechen begangen, und ein Gottesfluch lag über ihm (Gal 3, 13; Dt 21, 22 f.).
Daß dies aber in Wirklichkeit für Jesus nicht zutraf, wird durch zwei Zusätze deutlich gemacht: er starb gemäß den Schriften. Es ist nicht ganz sicher, ob der letzte Zusatz sagen will: Jesus *starb* gemäß den Schriften, oder: er starb für unsere *Sünden* gemäß den Schriften. Beide Bezugsweisen hatten in der Urchristenheit einen berechtigten und tiefen Sinn: Sowohl die Schriftgemäßheit des Todes Jesu an sich als auch die mit Hilfe der Schrift erschlossene Heilsbedeutsamkeit seines Todes. Lag

die Betonung mehr auf dem letzteren Gesichtspunkt, dann ist eine Anspielung auf das Lied vom leidenden Gottesknecht (Jes 53) zu vermuten.

b) Sodann heißt es: *Er wurde begraben.*

Für den Juden galt das Begräbnis als Besiegelung des Todes. Ähnlich wie an unserer Stelle wird das Begräbnis von Gideon, David, Salomon und anderer Großer im Alten Testament eigens erwähnt. Auch in der Apostelgeschichte heißt es von David: Er starb und wurde begraben (2, 29). Für die Jünger Jesu bedeutete sein Begräbnis zugleich das Begräbnis aller Hoffnungen, die sie an ihn geknüpft hatten. In allen Evangelien wird die Grablegung Jesu ausdrücklich berichtet. Da sie später vom leeren Grab sprechen, hat man gefragt, ob bereits bei Paulus der Gedanke an das leere Grab beim Erwähnen der Bestattung Jesu vorhanden sei, obwohl er im folgenden nicht ausdrücklich vom leeren Grab spricht. Es ist nicht ausgeschlossen, läßt sich aber nicht beweisen. Sicher dagegen läßt sich sagen, daß die Nichterwähnung des leeren Grabes bei Paulus nicht gegen die Berichte der Evangelien ausgespielt werden kann. Nach jüdischer Anthropologie gibt es kein Leben ohne Leib, und deshalb gibt es für jüdisches Denken auch keine Auferstehung, solange der Leib im Grabe ruht.

c) *Er ist auferweckt worden am dritten Tage gemäß den Schriften.*

Wir dürfen uns nicht an der Übersetzung „er ist auferweckt worden" anstatt „er ist auferstanden" stoßen. Der griechische Urtext erlaubt beide Übersetzungen. Die erstere legt sich aber deshalb nahe, weil es einige Verse weiter (V. 15) eindeutig heißt: Gott erweckte den Christus. Beide Aussageweisen sind im Urchristentum geläufig, nur betont die eine mehr die Tat Gottes, die andere mehr die Tat Christi selbst.
Stärker als im Deutschen kommt in der Wahl der Zeitstufe im Griechischen (Perfekt) zum Ausdruck, daß die Auferweckung Jesu nicht nur in ihrem augenblicklichen Geschehen, sondern in ihrer bleibenden Wirkung verstanden ist: Er ist auferweckt worden heißt: Er ist jetzt und immer im Leben.
Das Unfaßbare, das ausgesagt werden soll, hat nur einen sehr

unzulänglichen sprachlichen Ausdruck gefunden: eine Metapher. Sie besagt im normalen Sprachgebrauch: Aufwecken vom Schlaf. Zuweilen wird in der Bibel auch an anderen Stellen der gleiche Ausdruck für Totenerweckungen gebraucht (Mk 5, 41; Mt 10, 8; Lk 7, 14; Jo 5, 21; 12, 1; u. ö.). Aber das darf nicht dazu verleiten, die Auferstehung Jesu ebenfalls als ein Zurückkehren ins irdische Leben anzusehen (etwa wie bei Lazarus Joh 11). Der Auferstandene besitzt vielmehr eine Daseinsweise, die von seinem irdischen Leben sehr verschieden ist: Nicht gebunden an Raum und Zeit und durch keine Todesmacht mehr anfechtbar.
Die Zeitangabe „am dritten Tage“ hat den Erklärern schon viele Schwierigkeiten bereitet. An manchen Stellen des Neuen Testamentes heißt es „nach drei Tagen“, einmal sogar nach „drei Tagen und drei Nächten“ (Mt 12, 40). Man darf den unterschiedlichen Angaben entnehmen, daß es nicht auf einen genauen Termin, sondern auf eine verhältnismäßig kurze Zeitspanne ankam. Dennoch bleibt die Frage: Woher kommt in diesem Zusammenhang gerade die Drei-Zahl? Wie konnte man überhaupt eine Zeitangabe machen, da doch niemand Zeuge des Auferstehungsvorgangs selbst war und im ganzen Neuen Testament im Unterschied zur apokryphen Literatur auch niemals eine Augenzeugenschaft behauptet wird?
Karl Lehmann ist in seiner Studie „Auferweckt am dritten Tag nach der Schrift“ zu dem Ergebnis gekommen, daß es eine alttestamentlich-jüdische „ Theologie des dritten Tages“ (277) gab, die sich aus Os 6, 2 und Jon 2, 1 herleitete. Sie kündete „von einem heilgewährenden Eingreifen Gottes, am dritten Tag für seine Gerechten, die sich in Not befinden“ (280). Die Angabe des dritten Tages an unserer Stelle will also nicht in erster Linie als Zeugnis für einen historisch exakten Zeitpunkt, etwa den der Auffindung des leeren Grabes oder der ersten Erscheinung des Auferstandenen, sondern als verheißungsgeschichtliche Aussage verstanden sein. Von dieser Verständnisweise her erklärt sich auch am besten der hier – wie schon in Vers 3 – auftretende Zusatz „gemäß den Schriften“. Meinten manche Forscher bisher, er beziehe sich nur auf den Satzteil „er ist auferweckt worden“, andere dagegen, er betreffe die Angabe „am dritten Tage“, so empfiehlt es

sich, mit Lehmann (259; 280) anzunehmen, daß er sich auf die ganze Aussage „auferweckt am dritten Tag“ beziehe.
Es hat also die Urkirche Tod und Auferstehung Jesu bereits im Alten Testament vorherverkündet gesehen. Aus dieser schon christlichen Sicht konnte der Auferstandene zu den Emmausjüngern nach Lukas sagen: „Ihr Unverständigen, wie lange braucht euer Herz, um all das zu glauben, was die Propheten gesagt haben! Mußte nicht der Messias dies leiden, um so in seine Herrlichkeit einzugehen?“ (Lk 24, 25 f.). Diese Art des alttestamentlichen Schriftverständnisses und der Schriftanwendung war nur möglich, nachdem Jesus gestorben und auferstanden war.

d) Schließlich wird ausgesagt: *Er erschien.*

Im griechischen Text ist für diese Aussage dasselbe Wort verwandt, das im Alten Testament für Erscheinungen Gottes gebraucht wird und im Neuen Testament u. a. in der Verklärungsgeschichte das Erscheinen des Moses und Elija bezeichnet (Mk 9, 4 par). Es ist ein biblischer Ausdruck für die Offenbarungsgegenwart als solche ohne Hinweis auf die Art ihrer Wahrnehmung, ein Ausdruck für die Gegenwart des sich in seinem Wort offenbarenden Gottes. Paulus gebraucht das Wort als Bezeichnung für das Erscheinen des Auferstandenen sonst nicht. Das ist ein weiterer Hinweis für die bereits erwähnte Tatsache, daß Paulus den Text als formuliertes Traditionsgut übernommen hat. Weiterhin ist gerade diese Wortwahl wichtig für die Beurteilung der Frage, wie die Erscheinungen des Auferstandenen zu verstehen seien. Wir werden nur das eine sagen können: Sie waren mehr als nur Visionen, wenn man unter Vision ein subjektives innerliches und mitunter im Traum oder Ekstase erlebtes Geschehen versteht. In unserem Text fehlt jeder geringste Hinweis auf ein ekstatisches Geschehen. Ganz nüchtern heißt es: Er erschien. Außerdem hat Paulus seine Visionen, über die er im zweiten Korintherbrief (12, 1-4) spricht, sowohl sprachlich wie sachlich von den Ostererscheinungen unterschieden. Dagegen setzt Paulus die ihm gewährte Ostererscheinung mit seinem Damaskuserlebnis gleich, von dem er (1Kor 9, 1; Gal 1, 15 f.) als einem von Gott her gewirkten Geschehen spricht. Er versteht sie also

als reale Erscheinungen, wenn auch in einer Leiblichkeit, die er selbst als Geist-Leib bezeichnet (1 Kor 15, 44). Er weist damit auch unserem Fragen die Richtung und Grenze zu: Wir müssen uns damit begnügen, zu glauben, der Herr ist erschienen, er ist erschienen in einem Leib, der nicht den Gesetzen des Raumes und der Zeit unterworfen und dessen Gegenwart nicht in der sonst üblichen Weise sinnenhaft wahrnehmbar ist.
Von den vier Aussagen: gestorben – begraben – auferweckt – erschienen, richten sich die zwei ersten auf Ereignisse, die ganz der Geschichte angehören. Tod und Begräbnis Jesu haben sich in sinnenhaft wahrgenommener Weise ereignet. Die beiden letzten Aussagen betreffen Wirklichkeiten, die die Geschichte und die natürlich-menschliche Erfahrung überschreiten. Beide Arten von Aussagen aber sind in unserem Text miteinander verbunden, denn sie werden von ein und demselben Christus ausgesagt. Das zu erkennen, ist wichtig, denn es wird in dieser Verbindung deutlich, daß das Heil die von Gott vollendete Geschichte ist. Paulus glaubt nicht an die Auferweckung irgendeiner anonymen Persönlichkeit, sondern an die Auferweckung des Jesus von Nazaret: eines ganz konkreten geschichtlichen Menschen, der schmählich am Kreuz gestorben ist und den man begraben hat. Bereits in diesem frühesten Bekenntnis zum Auferstandenen wird ein Zweifaches deutlich:
Erstens die Identität dessen, der auf Erden lebte und gescheitert ist mit dem, den Gott von den Toten erweckt hat. Kurz: Was Jesus in seinem Erdenleben war, was er lehrte und tat, ist in der Auferstehung hinübergenommen in die Daseinsweise seiner Verherrlichung, eben weil dieser Jesus von Nazaret auferweckt ward. Diese Identität und Kontinuität sind die Basis, die uns dazu berechtigen und von uns fordern, auch in der Überlieferung über den Christus einen tiefen Zusammenhang zu sehen zwischen dem, was man vom irdischen und dem, was man vom erhöhten Herrn aussagt. Sie fordern aber auch zweitens von uns, Verständnis für die Urkirche aufzubringen, die sich – durch die Auferstehung Jesu veranlaßt und vom Geiste Gottes geleitet – dazu berechtigt sah, bereits im vorösterlichen Jesus den Christus zu erkennen, als den ihn Gott in der Auferstehung erwiesen hatte.

e) Außer den vier Grundtatsachen nennt Paulus *vier Gruppen von Zeugen*, denen Erscheinungen zuteil wurden. Die relativ große Zahl und das viermal stereotyp gebrauchte „er erschien", lassen sofort erkennen, welche Absicht hinter der Nennung dieser Zeugen steht: Sie soll die Gewißheit verbürgen: Der Herr ist wahrhaft auferstanden.
Einige der Erscheinungen vor den genannten Zeugen werden in den Evangelien ebenfalls erwähnt: die Erscheinung vor Kephas (Lk 24, 34; Joh 21, 1), die vor den Zwölfen (Mt 28, 16-20: „elf"; Lk 24, 36-49; Joh 20, 19-29); einige dagegen begegnen sonst nirgendwo im Neuen Testament: so die vor den 500 Brüdern und die vor Jakobus. Daß die Erscheinung vor einer so großen Menge sonst nie erwähnt wird, ist sehr befremdlich. Aber Paulus bekräftigt seine Aussage, indem er beifügt: „Einige davon leben noch". Er hätte sich wohl diesen Zusatz nicht erlaubt, wenn er sich seiner Behauptung nicht sicher gewesen wäre.
Von einer Erscheinung vor Jakobus berichten nur apokryphe Schriften, so z. B. das im 2. Jh. n. Chr. in Ägypten entstandene Hebräerevangelium. Dort heißt es: „Als aber der Herr das Leinentuch dem Knecht des Priesters gegeben hatte, ging er zu Jakobus und erschien ihm . . . ".
Die Nennung der Zeugen schließt mit dem Satz: „Zuletzt von allen, gleichsam der Fehlgeburt, erschien er auch mir." Paulus meint die vorhin schon erwähnte Erscheinung vor Damaskus. Außer in seinen Briefen wird sie dreimal in der Apostelgeschichte erwähnt (Kap. 9; 22; 26). Vergleicht man seine Aussagen mit denen der Apostelgeschichte und auch die der Apostelgeschichte selbst untereinander, so fallen beträchtliche Unterschiede auf. Hier sei nur auf *einen* hingewiesen: Für Lukas gehört die Erscheinung vor Damaskus nicht mehr zu den Ostererscheinungen. Sie waren für ihn eindeutig nach 40 Tagen mit der Himmelfahrt Jesu abgeschlossen. Paulus, wie schon gesagt, rechnet sie aber zu den Ostererscheinungen. Wer nur mit den Augen des Historikers die Bibel liest, muß hier einen Widerspruch sehen, und er wird beginnen, an der Wahrheit des Berichteten zu zweifeln. Wer jedoch die Bibel als Zeugnis des Glaubens ansieht, wird sich auch durch die verschiedenen Darstellungen nicht verwirren lassen. Im Ge-

genteil: Er wird in der Bezeugung ein und desselben Faktums in verschiedenen unabhängig voneinander verlaufenden Traditionen ein umso überzeugenderes Anzeichen dafür sehen, daß vor Damaskus dem Paulus wirklich eine Erscheinung Christi zuteil ward. Was will Paulus mit den Worten sagen: „*Zuletzt* von allen erschien er mir?" Will er nur sagen, daß ihm die Erscheinung als letzte von den vorhergenannten Erscheinungen zuteil wurde, oder daß sie ihm zuteil wurde als letzte Erscheinung des Auferstandenen überhaupt? Mit Sicherheit läßt sich die Frage nicht beantworten, aber wahrscheinlicher ist das Letztere, weil er ja die ihm zuteilgewordenen Visionen und Offenbarungen deutlich von den Ostererscheinungen abhebt.

Als „Fehlgeburt" bezeichnet sich Paulus hier wohl deshalb, weil er die Kirche Gottes vorher verfolgte und sich der Apostelwürde und der Erscheinungen für unwürdig hielt. So kommentiert er jedenfalls selbst in den Versen 9-10 unseres Kapitels.

Wir können über das Glaubenszeugnis des Korintherbriefes in bezug auf die Auferstehung Jesu *zusammenfassend* sagen: Paulus glaubt an den auferstandenen Herrn, weil dieser sich nach seinem Tode ihm und anderen Zeugen aus der Daseinsweise Gottes her in personaler Begegnung offenbarte. Die Wirklichkeit dieser personalen Begegnung, in der Paulus (und wie er das ganze NT) die personhafte Identität zwischen dem Gekreuzigten und Auferstandenen betont, verbietet es, die so bezeugte Auferstehung Christi nur als die Erkenntnis der Heilsbedeutsamkeit des Kreuzes (Bultmann) oder als Interpretament der Überzeugung, daß die „Sache" Jesu weitergehe (Marxsen), zu verstehen. Daß die Art der Glaubensbegründung, wie Paulus sie vorlegt, und die Verkündigung des Glaubens an den personhaft Auferstandenen nicht nur eine Privatsache des Paulus war, sondern daß alle Apostel so dachten und verkündeten, besagt der Vers 11 desselben Kapitels: „Sei ich es nun, oder seien es jene: So verkünden wir, und so seid ihr gläubig geworden." Der Glaube ist hier also ganz an die Auferstehung Jesu verwiesen, die sich in Erscheinungen des Herrn kundtat. Auch wir werden für unseren Glauben kein anderes

Fundament suchen dürfen, auch nicht die historische Tatsache eines leeren Grabes.
Es gibt zwar gute geschichtliche Gründe, die dafür sprechen, daß das Grab Jesu nach der Auferstehung wirklich leer gewesen ist, aber unser Glaube hängt nicht von der Tatsache des leeren Grabes ab. Schon die einfache Überlegung, daß ein leeres Grab mehrere Deutungen zuläßt und am wenigsten die, daß der Leichnam auferstanden ist, zeigt, daß die Tatsache des leeren Grabes allein nie die Funktion einer Glaubensbegründung, höchstens die einer Glaubensbestätigung haben kann. Auch in den Evangelien muß das leere Grab vom Engel gedeutet werden.

3. Die Auferstehungsbotschaft der Evangelien

Zwischen der paulinischen Überlieferung und der der Evangelien fällt zunächst ein großer Unterschied auf: Paulus berichtet nur die Tatsache der Auferstehung, gestützt auf Erscheinungen; die Evangelien dagegen bringen ausführliche Erzählungen über die Ereignisse am Ostermorgen. Das hat zu dem Schluß geführt: Die Evangelienberichte seien legendäre Ausgestaltungen dessen, was Paulus kurz und knapp berichtet. Wir wollen uns von einer solchen Folgerung nicht gleich schockieren lassen. Es gilt, ihr gegenüber festzustellen:

a) Selbst wenn die Evangelienberichte legendenhafte Entfaltung des frühesten Osterzeugnisses *wären*, bedeutete das in keiner Weise eine Beeinträchtigung unseres Glaubens und eine Verschmälerung des Glaubensfundamentes. Wir glauben ja nicht um der anschaulichen und zum Teil konkreten Darstellung willen an den Auferstandenen, also z. B. deshalb, weil ein Erdbeben die geschehene Auferstehung Jesu anzeigte (Mt), oder weil gerade Maria Magdalena als erste das Grab geöffnet fand (Mk, Mt, Lk, Joh), sondern weil sich der Herr als lebend erwiesen hat. Zudem können auch Legenden Träger von Wahrheit sein, ja, sie erlauben als solche nicht einmal den Schluß auf „Ungeschichtlichkeit".

b) Ganz abgesehen davon lassen sich rein geschichtliche Gründe nennen, die gegen die genannte voreilige Schlußfolgerung und für die Historizität des leeren Grabes sprechen: Nach allen vier Evangelien sind es *Frauen*, die als erste das Grab Jesu geöffnet (und leer) finden. In einer nur erdachten Geschichte, noch dazu, wenn sie aus apologetischer Absicht geformt worden wäre, hätte man sich gehütet, gerade Frauen zu den ersten Zeugen des leeren Grabes zu machen, denn sie galten im Judentum als zeugnisunfähig.

Die jüdische Anthropologie, nach der der Mensch nur in Einheit mit dem Leib leben kann, setzte nach der damaligen Verständnisweise bei jüdischen Verkündigern und Hörern der Auferstehungsbotschaft die Auferstehung des ins Grab gelegten Leibes voraus.

In der jüdischen Polemik gegen die Messianität Jesu wird nie erwähnt, daß der Glaube an seine Auferstehung deshalb hinfällig sei, weil sein Leichnam ja nach der „angeblichen" Auferstehung noch im Grabe gelegen habe. Im Gegenteil: schon die Urkirche mußte sich mit der massiven jüdischen Behauptung auseinandersetzen, die Jünger hätten den Leichnam Jesu gestohlen (Mt 28, 11-15). Die historisch nicht anfechtbare Tatsache dieser Behauptung hat zur historischen Voraussetzung die Tatsache des leer gefundenen Grabes.

Der Beginn der Auferstehungspredigt gerade in Jerusalem ist kaum denkbar, ohne daß sich die Jünger Gewißheit darüber verschafft hätten, ob nicht doch Jesu Leichnam noch im Grabe lag. Sie wären sonst das Risiko eingegangen, daß ihnen jederman das Gegenteil ihrer Predigt hätte beweisen können. (Bei diesem Argument ist wiederum die jüdische Anthropologie zu beachten.)

Der Feststellung des leeren Grabes folgt in allen Berichten die Bestürzung derer, die es wahrnahmen. Das wäre kaum der Fall, wenn es erfundene Geschichten wären.

Man wird dem Unterschied zwischen paulinischer Bekenntnisformel und Evangelienerzählung also nicht mit dem Begriff „Legendenbildung" gerecht werden. Man wird mindestens in Rechnung stellen müssen, daß es zwei legitime Sprechweisen über ein und dieselbe Wahrheit sind. Beide Glaubenszeugnisse gehören verschiedenen literarischen Gattungen an. Die lite-

rarische Gattung des Evangelienberichtes ist sicher mitbedingt durch Fragen und kritische Meinungen innerhalb der Gemeinden, die aber anderer Art waren als die in Korinth.
Nach diesen Erwägungen über das leere Grab als geschichtliche Tatsache sei aber noch einmal ausdrücklich betont, daß das leere Grab als solches den Auferstehungsglauben *nicht begründet* und daß die soeben genannten Argumente nicht etwa doch wieder die Begründung des Osterglaubens von den Erscheinungen auf die historische Tatsache des leeren Grabes verlagern wollen. Das wäre aus zwei Gründen falsch: 1. ein leer gefundenes Grab ist mehrdeutig; 2. auch die Evangelienberichte stützen den Osterglauben nicht auf das leere Grab, sondern auf die von Gott her gewirkte Glaubenseinsicht: er ist auferstanden. Das wird sofort deutlich, wenn wir die Erzählungen von der Auffindung des leeren Grabes etwas genauer betrachten.
Den *ältesten* uns erreichbaren Text bietet das Markusevangelium. Es stammt aus der Zeit um 70 n. Chr. Die Evangelisten Mattäus und Lukas haben bei der Abfassung ihrer Evangelien, etwa um 80 n.Chr., den Markus-Text benutzt und an einigen Stellen umgearbeitet. Ein Text-Vergleich läßt das leicht erkennen:

Markus	Mattäus	Lukas
16,1 Und als der Sabbat vorüber war, kauften Maria von Magdala und die Maria des Jakobus und Salome wohlriechende Gewürze, damit sie hingingen, um ihn zu salben.	28,1 Nach dem Sabbat aber, als es zum ersten Wochentag aufleuchtete, kamen Maria von Magdala und die andere Maria, um das Grab zu sehen.	24,1 Am ersten Tage der Woche kamen sie in der Morgendämmerung zum Grab und brachten die wohlriechenden Kräuter, die sie bereitet hatten.
2 Und sehr früh am ersten Wochentag kommen sie zum Grab, als die Sonne aufgegangen war.		
3 Und sie sprachen zueinander: Wer wird uns den Stein von der Tür des Grabes wälzen? 4 Und als sie aufblickten, sehen sie, daß der Stein weggewälzt ist; er war nämlich sehr groß.	2 Und siehe, da entstand ein gewaltiges Erdbeben; denn ein Engel des Herrn stieg vom Himmel herab, er trat hinzu und wälzte den Stein fort und setzte sich darauf.	2 Sie fanden den Stein vom Grabe weggewälzt. 3 Als sie aber hineingingen, fanden sie den Leichnam des Herrn Jesus nicht.
5 Und als sie in das Grab gingen, sahen sie einen jungen Mann auf der rechten Seite sitzen, angetan mit einem weißen Gewand. Und sie erschraken.	3 Sein Aussehen war wie ein Blitz und sein Gewand weiß wie Schnee. 4 Aus Furcht vor ihm erbebten die Wächter und wurden wie tot.	4 Und es geschah, als sie deswegen ratlos waren, siehe, da traten zwei Männer in blitzendem Gewand zu ihnen.
6 Der aber sagt zu ihnen: Erschreckt nicht! Jesus sucht ihr, den Nazarener, den Gekreuzigten; er wurde auferweckt; er ist nicht hier. Sieh die Stelle, wo sie ihn hingelegt hatten.	5 Der Engel aber antwortete und sprach zu den Frauen: Ihr, fürchtet euch nicht; denn ich weiß, ihr sucht Jesus, den Gekreuzigten. 6 Er ist nicht hier; denn er wurde auferweckt, wie er gesagt hat.	5 Als sie aber in Furcht gerieten und ihr Angesicht zur Erde neigten, sprachen die zu ihnen: Was sucht ihr den Lebendigen bei den Toten? 6 Er ist nicht hier, sondern er wurde auferweckt. Erinnert

	Kommt, seht den Platz, wo er gelegen hat.	euch, wie er zu euch gesprochen hat, als er in Galiläa war,
7 Aber geht, sagt seinen Jüngern und dem Petrus: Er geht euch voraus nach Galiläa, dort werdet ihr ihn sehen, wie er es euch gesagt hat.	7 Und geht schnell hin und sagt seinen Jüngern: Er wurde von den Toten auferweckt; und siehe, er geht euch voraus nach Galiläa, dort werdet ihr ihn sehen. Siehe, ich habe es euch gesagt.	7 und sagte: Der Menschensohn muß den Händen der Sünder überliefert und gekreuzigt werden und am dritten Tag auferstehen.
8 Und sie gingen hinaus und flohen vom Grab; denn Zittern und Entsetzen hatte sie erfaßt. Und sie sagten niemand etwas; denn sie fürchteten sich.	8 Und sie gingen schnell vom Grab weg, mit Furcht und großer Freude, und sie liefen, um es seinen Jüngern zu verkünden.	8 Und sie erinnerten sich seiner Worte.
		9 Und als sie vom Grabe zurückkehrten, meldeten sie dies alles den Elf und allen übrigen.
		10 Es waren aber Maria von Magdala und Johanna und die Maria des Jakobus. Und auch die übrigen, die mit ihnen waren, sagten dies zu den Aposteln.
		11 Diesen aber kamen diese Worte wie dummes Geschwätz vor, und sie glaubten ihnen nicht.

Gemeinsam ist allen drei Berichten: Frauen gehen am Morgen nach dem Sabbat zum Grab; sie finden den Stein vor dem Grab weggewälzt; sie erhalten die Botschaft, Jesus sei auferweckt.

Mattäus hat am Markus-Text vor allem folgende *Veränderungen* vorgenommen: Er hat die Namen der Frauen an die vorausgehende Erzählung von der Grablegung angepaßt. Er hat anstatt der Salbungsabsicht der Frauen als *Grund für den Gang* zum Grab angegeben: sie wollten das Grab sehen. Er hat die *Frage der Frauen*, wer den Stein wegwälzen wird, fortgelassen und das Fortwälzen selbst ausdrücklich als ein durch einen *Engel* bewirktes und von *Erdbeben* begleitetes Geschehen gekennzeichnet. Er hat bei der Schilderung der Reaktion der Frauen zum Schreckensmotiv auch noch das *Freudenmotiv hinzugefügt* und statt des Schweigens der Frauen sagt er, daß sie das Erlebte *den Jüngern meldeten*. Mattäus hat durch diese Änderungen Spannungen (Namen der Frauen; Frage nach dem Wegwälzen des Steines) und schwerverständliche Aussagen (Furcht, Schweigen) der Markusdarstellung behoben. Er hat darüber hinaus die bei Markus schon ansatzweise verwendeten zeitgenössischen Darstellungsmittel (Engel als Boten Gottes) noch stärker eingesetzt, um das Geschehen als ein von Gott her gewirktes Geschehen zu verdeutlichen (Erdbeben; Wegwälzen des Steins durch den Engel).

Von den *lukanischen Änderungen* sind besonders bemerkenswert die *Verdoppelung des Gottesboten* und die *Erweiterung* der *Engels-Botschaft*. Daß Lukas statt *einem* Deuteengel *zwei* erscheinen läßt, zeigt, daß es nicht um ein historisches Protokoll geht, sondern um glaubwürdige Bezeugung der Osterbotschaft; denn die Aussage von *zwei* Zeugen galt im Judentum als rechtsgültig und glaubwürdig. Auch die *Erweiterung der Engelsbotschaft* durch die Hervorhebung, schon der irdische Jesus habe von der Auferstehung des Menschensohnes gesprochen, soll die Glaubwürdigkeit der Botschaft verstärken und außerdem das Geschehen als Erfüllung von Vorhersagen und göttlichem Plan erweisen. Verständlich ist, daß Lukas aus dem Engelwort die Verheißung fortläßt, die Jünger werden

den Auferstandenen in Galiläa sehen; denn Lukas berichtet nur von Erscheinungen des Auferstandenen in Jerusalem. Wir haben festgestellt: Es gab eine sehr alte Überlieferung, die von Paulus aufgenommen wurde und die *nur von Erscheinungen* des Auferstandenen, nicht aber vom leeren Grab Jesu sprach, und es gab eine ebenfalls alte, von Markus aufgenommene, von Mattäus und Lukas bearbeitete Überlieferung, die *nur von der Auffindung des leeren Grabes* und seiner Deutung, nicht aber von Erscheinungen sprach. Es scheint also zunächst unabhängig voneinander Erscheinungs- und Grabestraditionen gegeben zu haben. In den Osterzeugnissen der Evangelien lassen sich noch Entwicklungsstufen erkennen, die zeigen, wie beide Überlieferungen allmählich miteinander verbunden worden sind: Während noch bei Markus nur vom Auffinden des leeren Grabes durch die Frauen die Rede ist, bietet Mt 28, 9-10 darüber hinaus eine vom Evangelisten selbst geschaffene, sehr knapp gehaltene Begegnungsszene: Den vom Grab weggehenden Frauen *erscheint* der Auferstandene selbst. Den Endpunkt dieser überlieferungsgeschichtlichen Entwicklung bildet innerhalb des Neuen Testaments das Johannesevangelium: Das erste *Erscheinen* des Auferstandenen geschieht *am leeren Grab* vor Maria Magdalena (Joh 20, 11-18).

Auch die *Erscheinungserzählungen* für sich genommen haben im Lauf des ersten christlichen Jahrhunderts verschiedene Ausprägungen erhalten. Während Paulus lediglich die kurze formelhafte Aussage macht: „Er ist erschienen" und dann nur noch die Personen und Personengruppen nennt, denen diese Erfahrung zuteil wurde, bieten die Evangelien des Mattäus, Lukas und Johannes ausführliche, aber dennoch mit beachtlicher Zurückhaltung gestaltete Erzählungen. Die Evangelisten und die Überlieferungen, denen sie folgen, lassen bei ihrer Gestaltung verschiedene Absichten erkennen:

In der großartig angelegten Schlußszene des *Mattäusevangeliums* erscheint der Auferstandene vor den elf Jüngern in Galiläa (Mt 28, 16-20). Er verweist auf die Macht, die ihm gegeben ist, sendet die Elf, alle Menschen zu seinen Jüngern zu machen, zu taufen, zu lehren, und er verheißt, bis zur Vollendung der Welt bei ihnen zu sein. Mattäus nimmt in diesem Text die historisch glaubhafte Überlieferung auf, daß Erscheinungen des Auferstandenen in Galiläa geschahen. Er gestaltet die Szene aber zugleich so, daß in sie die Erfahrungen der Kirche seiner Zeit miteinbezogen sind: der Aufbruch zu weltweiter Mission, die Spendung der Taufe, die Lehrtätigkeit und die Erfahrung des Beistands Christi. Die Abschlußszene enthält – wie das ganze Mattäusevangelium – betont *kirchliche* Akzente.

Lukas überliefert zwei Erscheinungserzählungen: Die Begegnung des Auferstandenen mit den Emmausjüngern (Lk 24, 13-35) und das Erscheinen vor den Jüngern in Jerusalem (Lk 24, 36-53). Die Emmauserzählung soll deutlich machen, *wo und wie Menschen dem Auferstandenen begegnen können*: im Hören auf sein Wort, wie es in der kirchlichen Verkündigung ergeht; in der Teilnahme an seinem Mahl, wie die Kirche es in der Feier der Eucharistie bereitet. Auf diese Aussageschwerpunkte weisen im Text die Worte hin: „Jesus legte ihnen dar, . . . was über ihn in der ganzen Schrift geschrieben steht" (V. 27), „Brannte nicht unser Herz, . . . als er uns den Sinn der Schrift erschloß?" (V. 32) und: „Als er sich mit ihnen zum Essen niedergesetzt hatte, nahm er das Brot, sprach den Segen, brach es und gab es ihnen. Da gingen ihnen die Augen auf und sie erkannten ihn" (V. 30 f.).
Die Erscheinungsszene in Jerusalem hebt vor allem hervor, die *Identität* des Auferstandenen mit dem irdischen Jesus, der gekreuzigt wurde („Seht meine Hände und Füße!"), und die *Leibwirklichkeit* des Auferstandenen („kein Geist hat Fleisch und Gebein"; „er aß . . . vor ihren Augen"). Die lukanische Darstellung läßt nicht erkennen, daß es derart *sinnenfällige* Begegnungen zwischen dem Auferstandenen und seinen Jüngern gegeben hat. Sie läßt aber erkennen, daß sie gegen eine bereits verflachende Auffassung der Auferstehungswirklichkeit gerichtet ist. Diese bestand in der Meinung, der Auferstandene habe nicht wirklich als Mensch gelitten und in seine Auferstehungswirklichkeit könne unmöglich der Leib des Menschen einbezogen worden sein, denn er bestehe aus Materie und diese sei etwas Wider-Göttliches. Lukas tritt solchen Auffassungen entgegen.

Das Johannesevangelium mit dem Nachtragskapitel 21 berichtet von drei Erscheinungen des Auferstandenen. Die erste geschieht vor den Aposteln in Jerusalem am Abend des Ostertages (Joh 20, 19-23). Der Auferstandene entbietet ihnen den Friedensgruß, zeigt ihnen Hände und Seite, sendet sie, spendet ihnen den Heiligen Geist und überträgt ihnen die Vollmacht der Sündenvergebung. Es sind Berührungen mit den mattäischen und lukanischen Überlieferungen zu erkennen; aber darüber hinaus wollen die johanneischen Akzente beachtet sein. Sie erwachsen vor allem einem *kirchlichen* Interesse: Das Vorzeigen der *Hände* und *Seite* dient nicht nur – wie bei Lukas – dem Erweis der Identität, sondern die geöffnete Seite ist zugleich ein Hinweis darauf, daß der Gekreuzigte den *Heiligen Geist* vermittelt, und zwar durch die *Sakramente der Taufe und Eucharistie*, die unter den Zeichen von Wasser und Blut (Joh 19, 34) aus der Seitenwunde Jesu hervorgehen. In der *Sendung des Heiligen Geistes* verwirklicht sich das, was Jesus in den johanneischen Abschiedsreden mehrfach seinen Jüngern verheißen hat für die Zeit nach seinem Hingehen (Joh 14; 16). Das Wort von der Vollmacht, *Sünden zu vergeben oder zu behalten*, begegnet hier in einer gegenüber Mt 16,19 und 18, 18 weiterentwickelten Form und bezieht sich wohl – entsprechend frühkirchlicher Praxis – auf die Zulassung oder Verweigerung der Taufe. *Die zweite Erscheinung* ereignet sich vor den Jüngern mit Tomas (Joh 20, 24-29). Er macht seinen Glauben an den Auferstandenen von den Bedingungen abhängig, die Wundmale Jesu zu sehen und zu berühren. Jesus fordert ihn zwar auf, dies zu tun; aber ob es geschehen ist, teilt Johannes nicht mit. Er läßt vielmehr Tomas in Anlehnung an alttestamentliche Gottesanreden und an die urchristliche Liturgie ein Bekenntnis sprechen, das ohnehin weit über das hinausgeht, was sinnenhafte Erfahrung an Einsicht zu vermitteln vermag: „Mein Herr und mein Gott!" Das Schlußwort: „Selig, die nicht sehen und doch glauben" richtet sich nicht mehr nur an Tomas, sondern an alle Leser des Evangeliums. Es drückt zugleich die Erzählabsicht des ganzen Textes aus: Die Weise, des Auferstandenen inne zu werden, ist nicht sinnenfällige Erfahrung und handgreiflicher Beweis, sondern der Glaube an die Osterbotschaft derer, die den Auferstandenen

in personaler Begegnung erfahren durften. Damit hat Johannes eine Antwort gegeben auf eine Frage, die sich jeder Generation von Christen neu stellt, auch der unseren.
Die *dritte Erscheinung* vollzieht sich in Galiläa, am See Genesaret vor Simon Petrus und einer kleinen Gruppe von Jüngern (21, 1-23). Als sie nach erfolgloser Arbeit von Jesus aufgefordert erneut hinausfahren und dabei eine große Menge Fische fangen, erkennen sie ihn als den Auferstandenen. Beim Mahl mit ihnen reicht er Brot und Fisch. Auch hier ist an die Begegnung mit dem Herrn im *eucharistischen Mahl* gedacht. Die eigenartige Bemerkung: „Keiner von den Jüngern wagte ihn zu fragen: Wer bist Du? Denn sie wußten, daß es der Herr war“ weist darauf hin, daß der Auferstandene trotz aller Nähe und trotz der Glaubenserkenntnis, die er schenkt, ein *Unbekannter* bleibt, nach dem Menschen immer wieder neu fragen und suchen müssen.
Im Anschluß an das Mahl überträgt der Auferstandene dem Petrus das *Hirtenamt* und kündigt ihm sein *Martyrium* an. Die dreimalige Frage: „Liebst du mich?“, die bejahende Antwort des Petrus und sein Traurig-werden beim drittenmal erinnern an die dreimal geschehene Verleugnung. Aber Jesus erwählt ihn dennoch zur Leitung seiner Herde! Die Leitung der Jüngergemeinde durch Petrus und sein Martyrium waren schon geschichtliche Wirklichkeit, und es waren etwa dreißig Jahre vergangen, als Johannes diese Szene gestaltete.
Abschließend folgt noch ein *Dialog* zwischen Jesus und Petrus über den Lieblingsjünger. In der Urchristenheit wußte man, daß er Petrus überlebt hatte, und es bestand die Meinung, er stürbe nicht bis zur Wiederkunft Christi. Wenn diese Auffassung mit Worten des Auferstandenen korrigiert wird, so könnte diese Korrektur veranlaßt sein durch den vor der Niederschrift dieser Szene erfolgten Tod des Lieblingsjüngers oder durch die hohe Autorität, die dem Lieblingsjünger neben Petrus in der Geschichte der Urkirche zukam. Der Text bringt wohl vor allem zur Sprache, daß jeder in die Nachfolge Gerufene *seinen* Dienst ausüben soll in der Weise, wie der Auferstandene ihn jeweils aufträgt.

Das *Markusevangelium* bietet keine Erscheinungserzählungen. Die in Mk 16, 9-20 dargebotenen Andeutungen stellen keine neuen, über die bereits genannten Berichte hinausgehenden Überlieferungen dar, sondern sind von einem späteren Bearbeiter des Markusevangeliums aus allen anderen Evangelien in verkürzter Form zusammengestellt. Der Bearbeiter wollte dadurch den befremdlichen Schluß (Mk 16, 8) glätten und das Defizit beheben, das sich aus Mk 16, 7 ergibt: „. . . in Galiläa werdet ihr ihn sehen." Überschauen wir die Aussagen des Korintherbriefes und der Evangelien, und nehmen wir hinzu alle Stellen des Neuen Testamentes, die ausdrücklich von der Auferstehung sprechen, so müssen wir sagen: *Beweisen* kann und will keine dieser Aussagen die Auferstehung Jesu. Sie stellen uns aber alle vor die Entscheidung, ob wir die von ihnen verkündete Wahrheit zur Wahrheit für uns machen, indem wir sie gläubig annehmen, wie auch die ersten christlichen Gemeinden sie gläubig angenommen haben.

4. Die Bedeutung der Botschaft von Kreuz und Auferstehung für uns

In den bisherigen Überlegungen sind wir vorwiegend den Fragen nach der Begründung und Zuverlässigkeit des urkirchlichen Osterglaubens nachgegangen. Christlicher Osterglaube als solcher ist aber mehr als nur die glaubensmäßige Überzeugung davon, daß vor etwa 2000 Jahren sich Jesus von Nazaret, nachdem man ihn getötet hatte, seinen Jüngern gegenüber dennoch als lebend erwies. Die Auferstehung Christi ist weder ein Ereignis, das in der Vergangenheit seinen Abschluß gefunden hat, noch ein Geschehen, das nur Jesus von Nazaret betrifft. Durch sie ist vielmehr von Gott ein Anfang gesetzt, der für alle Menschen eine Zukunft verbürgt, die durch alle Grenzen, in denen der Mensch befangen ist, hindurchstößt und über alles vom Menschen allein Machbare hinausreicht.

1. Paulus sagt, Christus sei der „Erstling der Entschlafenen" (1 Kor 15, 20), und im Kolosserbrief wird er als „Erstgeborener aus den Toten" (1, 18) bezeichnet. Christus ist also nicht der Einzige, sondern nur der Erste, den Gott dem Tode entris-

sen und zur Vollendung geführt hat. Was an Christus geschehen ist, soll auch an uns geschehen. An Christus wurde deutlich, daß der Tod nicht die letzte Station unseres Lebens ist. Die Erscheinungen, in denen der Auferstandene sich von Gott her geoffenbart hat, zeigen, daß ein Mensch schon bei Gott „angekommen", ein Stück Geschichte bereits in seine Endgültigkeit gelangt und etwas von der Materialität unserer Welt in die Geist-Leiblichkeit gewandelt ist. Der Anfang der Endgültigkeit ist gesetzt. Die Auferstehung Christi ist ein eschatologisches, ein „endzeitliches" Geschehen. Weil sie dies ist, ist auch die christliche Hoffnung auf das ewige Leben keine Utopie. „Nur in der Nachfolge des vom Leiden, vom Sterben in der Gottverlassenheit und vom Grabe auferweckten Christus gewinnt (der Glaube) Aussicht ins Weite, wo keine Bedrängnis mehr ist, in die Freiheit und in die Freude. Dort, wo in der Aufstehung des Gekreuzigten die Grenzen durchbrochen sind, an denen alle menschlichen Hoffnungen sich brechen, dort kann und muß sich der Glaube zur Hoffnung weiten" (Moltmann).

2. Die Auferstehung Christi verbürgt uns aber nicht nur die Hoffnung auf das künftige Leben, sondern sie hat auch Bedeutung für das gegenwärtige. Was für ein Leben war es denn, dem Gott in der Auferweckung Christi den Stempel der Endgültigkeit und letzten Vollendung aufprägte? Wer war es, zu dem sich Gott bekannte, und den er durch Auferstehung und Erhöhung rechtfertigte, nachdem er von den Menschen ausgestoßen und in ihren Augen durch einen Gottesfluch belastet (Gal 3, 13) gestorben war? Es war Jesus von Nazaret, dessen Leben durch die Verkündigung und Verwirklichung der Botschaft der Liebe gezeichnet war. Im Gehorsam gegen den Willen des Vaters brachte ihn seine Liebe zu den Menschen sogar ans Kreuz. Menschlich betrachtet war er der „Dumme", so wie auch heute noch nach vordergründigem aber allgemein menschlichem Urteil der, der aus selbstloser Liebe zu leben versucht, immer noch der „Dumme" ist und im Leben „zu kurz" zu kommen scheint. Daß dies aber in Wirklichkeit nicht der Fall ist, sondern daß gelebte Liebe und der Dienst am Mitmenschen letztlich nicht zum Untergang, sondern zum grö-

ßeren Leben führen, zeigt sich an der Auferweckung Christi: in ihr bestätigte Gott die Richtigkeit des Verhaltens und der Botschaft Jesu von Nazaret und damit das Verhalten der Menschen, die nach seiner Weisung ihr Leben zu gestalten versuchen.

3. Die Tatsache, daß der *gekreuzigte* Jesus von Nazaret auferweckt wurde, wirft Licht auf das undurchdringliche Problem menschlichen Leides. Zwar wird man durch sie nicht schon instand gesetzt, die bohrende Frage zu beantworten, warum jedes Menschenleben überhaupt vom Leid gezeichnet ist und warum darüber hinaus auf das Leben ungezählter Menschen eine solche Last des Leidens gelegt ist oder plötzlich in ihr Leben einbricht, daß man angesichts dessen eigentlich nur erschüttert schweigen kann. Bleibt also zwar die Frage nach dem „Warum" ohne Antwort, so haben Kreuz und Auferstehung Christi dem menschlichen Leiden doch die Sinnlosigkeit genommen und ihm einen tiefen Sinn erschlossen. Er läßt sich ablesen am Christushymnus des Philipperbriefes, wo die Wende des bis zum Kreuzestod Erniedrigten eingeleitet wird durch das Bekenntnis: „*deshalb* hat Gott ihn auch erhöht . . ." (2, 9). Christus ist der Erhöhte, *weil* er vorher der Erniedrigte war und an der Last des Menschenlebens wirklich teilhatte. Er ist auch der schmerzlichsten Stunde menschlicher Existenz nicht ausgewichen: dem Tod. Aus der Teilhabe Christi am menschlichen Leid und der daraus erfolgten Erhöhung erwächst für den Glaubenden die Zuversicht, daß auch er von der tausendfachen Gestalt des Kreuzes in seinem Leben nicht erdrückt, sondern gerade durch sie Teilhabe an der Herrlichkeit Christi finden wird.

4. Auf diese Teilhabe des Christen an Jesu Tod und Auferstehung geht Paulus im berühmten „Taufkapitel" des Römerbriefes ausführlich ein:

> „Wißt ihr nicht, daß wir alle, da wir auf Christus Jesus getauft wurden, auf seinen Tod hin getauft sind? Wir wurden durch die Taufe mit ihm in seinen Tod hinein begraben, damit wir, wie Christus durch die Herrlichkeit des Vaters vom Tode auferweckt ward, auch unsererseits im neuen

Leben wandeln. Denn sind wir mit ihm im Abbild seines Todes zusammengewachsen, wohlan, so werden wir es auch mit seiner Auferstehung sein" (6, 3-5).

a) Es heißt zunächst, daß wir in der *Taufe* mit Christus *gekreuzigt* und *begraben* worden sind. Ist das nur ein Bild, das in Wirklichkeit nicht so ernst zu nehmen ist? Wenn einem Täufling das Wasser über den Scheitel rinnt, so fällt es uns schwer, davon überzeugt zu sein, daß dadurch dieser Mensch teilnimmt am Todesleiden Jesu. Die alte Kirche kannte zwar als Taufritus das Untertauchen, aber man muß zugeben, daß selbst dies nur ein schwacher Ausdruck für das gemeinte Mitsterben mit Christus war. Dennoch besteht die Überzeugung des Paulus und der Kirche zu Recht. Denn sie geht davon aus, daß dem Menschen in der Taufe Anteil an der Lebensgemeinschaft mit Jesus Christus, ein erster Anfang der Heilsvollendung geschenkt wird, der aber ermöglicht wurde durch Jesu Liebe zu uns bis in seinen Tod. Sollen wir an der Frucht seiner Liebe, der Auferstehung, teilhaben, dann müssen wir auch vorher mit Christus in der Liebe bis zum Tode verbunden sein. Die Taufe ist davon der als wirksames Zeichen gesetzte Anfang. Unsere Teilhabe am Todesleiden Jesu, die uns im Taufgeschehen selbst so wirklichkeitsfremd und wenig überzeugend erscheint, wird im Laufe eines Menschenlebens noch ernst und schwer genug. Das Ausgespanntsein auf das Kreuz des menschlichen Daseins ist für den Getauften fortwährendes Zeichen dessen, was in der Taufe begonnen hat: die Gemeinschaft mit Jesus Christus.

b) Paulus fährt aber fort, daß wir auch mit Christus zu neuem Leben auferstehen, und zwar ebenfalls in der *Taufe*. Er meint damit sowohl das Leben der Sündelosigkeit in der Gegenwart als auch das Leben der Vollendung in der Zukunft. Auch hier sind wir geneigt, einzuwenden: redet nicht unser tägliches Leben eine ganz andere Sprache? Haben wir nicht jeden Tag aufs Neue den Kampf gegen unsere Unerlöstheit, gegen unsere Ichsucht und Lieblosigkeit aufzunehmen, und fällt uns nicht Rücksichtnahme und echte Dienstbereitschaft immer wieder von neuem schwer? Paulus spürte selbst diese Schwierigkeit (vgl. auch Röm 7, 14-25). Deshalb nimmt er in seinen Ausführungen gleichsam immer wieder von neuem Anlauf: Nicht weniger als sechsmal wiederholt er binnen weniger Sätze unseres Kapitels die Tatsache, daß wir seit der Taufe das neue Leben in uns tragen. Er spürt die Notwendigkeit, es mehrmals hintereinander sagen zu müssen, weil es – gemessen an menschlicher Erfahrung so unglaubhaft klingt. Aber Paulus redet hier nicht als unerfahrener Idealist, sondern als gereifter Mann, der die Abgründe menschlichen Lebens und die Qual innerer Zerrissenheit aus eigener Erfahrung und der Begegnung mit anderen Menschen kannte. Dennoch, ja, vielleicht gerade deshalb war er davon überzeugt, Anteil an der Lebensgemeinschaft mit dem auferstandenen Herrn zu haben. Was Paulus von sich sagt, bleibt keinem Christen erspart: ständig die Spannung auszuhalten zwischen der Erfahrung eigener Unzulänglichkeit und der Überzeugung, dennoch dem auferstandenen Herrn anzugehören. Im Aushalten dieser Spannung bestehen die Last und die Freude, die beide aus der Botschaft der Auferstehung und unseres Glaubens an sie erwachsen.

Benutzte und weiterführende Literatur

Greshake, G./Lohfink, G.: Naherwartung, Auferstehung, Unsterblichkeit. Herder, Freiburg/Basel/Wien 1975

Kremer, J.: . . . denn sie werden leben. Kathol. Bibelwerk, Stuttgart 1972

Kremer, J.: Die Osterevangelien – Geschichten um Geschichte. Kathol. Bibelwerk, Stuttgart 1977

Lange, J.: Das Erscheinen des Auferstandenen im Evangelium nach Mattäus. Echter, Würzburg 1973

Lehmann, K.: Auferweckt am dritten Tag nach der Schrift. Herder, Freiburg/Basel/Wien 1968

Mußner, F.: Die Auferstehung Jesu. Kösel, München 1969

Pesch, R.: Zwergel, H. A.: Kontinuität in Jesus. Zugänge zu Leben, Tod und Auferstehung. Herder, Freiburg/Basel/Wien 1974

Schnider, F./Stenger, W.: Die Ostergeschichten der Evangelien. Kösel, München 1970

Staudigl, G./Weidmann, F.: Jesus, der Grund für die Hoffnung der Christen, in: Staudigl, G./Weidmann, F. (Hrsg.), Modelle für den Religionsunterricht in der Grundschule. Auer, Donauwörth 1975, 43-55

Vögtle, A./Pesch, R.: Wie kam es zum Osterglauben? Patmos, Düsseldorf 1975
Weiser, A.: Worauf gründet ein Christ seinen Auferstehungsglauben? In: Lebendiges Zeugnis 1971, Heft 1, 28-46

VI. Die Botschaft von der Geburt Jesu

Zu den Bildmotiven, die in der religiösen Kunst am häufigsten vorkommen, gehören die Darstellungen der Geburt Jesu. In der mittelalterlichen Buchmalerei begegnen uns Bilder, die das Jesuskind in der folgenden Weise darstellen: Es liegt *eingewickelt* wie in *Binden* auf einem Futtertrog, der die Gestalt eines *steinernen Opferaltares* hat. Die Gesichtszüge des Kindes muten eher wie die eines *Erwachsenen* an. Um das Haupt leuchtet in goldener Farbe ein *Strahlenkranz*, in den die vier Balken eines *Kreuzes* eingezeichnet sind.

Jeder Betrachter erkennt sofort, was die Maler derartiger Bilder zum Ausdruck bringen wollten: nicht die historisch-exakten Einzelheiten, wie es damals bei der Geburt Jesu genau zugegangen ist, sondern sie haben gemalt, was es mit diesem Kind auf sich hat: daß dieses Kind als *erwachsener* Mensch am *Kreuz* sterben wird wie auf einem *Opferaltar*, daß es eingewickelt in *Binden* begraben und in die *strahlende Herrlichkeit Gottes* auferweckt wird. Die Maler haben mit den Mitteln darstellender Kunst die Bedeutung des Kindes ausgedrückt. Sie haben als gläubige Menschen gemalt; als Menschen, die davon überzeugt waren, daß dieses Kind als erwachsener Mensch für das Heil der Welt gestorben ist, aber von Gott auferweckt wurde. Kurz: die Darstellungen sind aus der Betrachtungsweise hervorgegangen, wie sie erst nach Ostern möglich war. Es sind österliche Weihnachtsbilder.

Ganz ähnlich verhält es sich mit der neutestamentlichen Botschaft von der Geburt Jesu, nur daß sie nicht mit Farben und Pinsel, sondern durch Texte zum Ausdruck gebracht wird. Nicht ohne Grund hat schon die frühkirchliche Überlieferung gerade Lukas, dem wir einen Großteil der weihnachtlichen Texte verdanken, als den „Maler“ unter den Evangelisten bezeichnet. Für *alle* Texte des Neuen Testaments über die Geburt Jesu gilt: sie sind erst nach der Auferstehung Jesu geformt worden und sie bringen den Glauben zur Sprache, daß das *Kind*, von dessen Geburt sie reden, *der am Kreuz gestorbene Erlöser der Menschen und kraft seiner Auferstehung der Vollender ihres Lebens bei Gott ist.*

Wer dies erkennt, hat eigentlich schon den wichtigsten Zugang zum Verständnis der neutestamentlichen Aussagen über die Geburt Jesu gewonnen. Das bedeutet aber, daß die Texte unter Berücksichtigung der antiken Darstellungsmittel und ihrer besonderen literarischen Form nicht nach dem Buchstaben sondern nach ihrem Sinngehalt befragt werden wollen. Man darf nicht nur und in erster Linie historische Information erwarten, sondern vor allem die Erschließung des Heiles, um dessetwillen Gott in diesem Kinde Mensch ward.

1. Vielfältige Sprachgestalt

Die Bezeugung der Geburt Jesu geschieht im Neuen Testament in sehr verschiedenen *sprachlichen Formen* und unter Einbeziehung unterschiedlicher *Vorstellungen*: In kurzem, *formelhaftem Bekenntnis* wird sie von alttestamentlich-jüdischen Denkvoraussetzungen her am Anfang des Römerbriefes ausgedrückt:

> „Dem Fleische nach ist er geboren aus dem Geschlecht Davids, dem Geist der Heiligkeit nach eingesetzt als Sohn Gottes in Macht aus der Auferstehung von den Toten" (Röm 1,3f.).

Diese vorpaulinisch geprägte Aussage spricht in ihrem ersten Teil von der menschlichen Geburt Jesu. Die Herkunft aus Davids Geschlecht deutet die Messianität Jesu an. Über die Eltern, den Geburtsort oder die näheren Umstände erfahren wir aus diesem Text nichts. Das hängt mit dem formelhaften Charakter der Aussage zusammen.
Eine ebenfalls schon vorpaulinisch geprägte formelhafte Aussage steht im Galaterbrief:

> „Als aber die Zeit erfüllt war, sandte Gott seinen Sohn, geboren von einer Frau, dem Gesetz unterstellt, damit er die loskaufe, die unter dem Gesetz stehen, und damit wir die Sohnschaft empfangen" (Gal 4,4f.).

Ähnlich wie im Text aus dem Römerbrief werden auch hier keine historischen Einzelheiten mitgeteilt, nicht einmal der Name der Mutter Jesu. Das Gewicht der Aussage liegt auf der wirklich menschlichen Existenz, in die der Sohn Gottes eingetreten ist und auf der Heilsbedeutung, um deretwillen dies geschehen ist: Befreiung der Menschen, Ermöglichung ihrer Gotteskindschaft. Im Unterschied zum ersten Text bilden aber hier den Denk- und Sprachhorizont die Vorstellungen der hellenistisch-jüdischen Weisheitstheologie: So wie Gott seine Weisheit zum Heil der Menschen sendet, sendet er nun seinen Sohn.

Auch in *gottesdienstlichen Liedern* des Urchristentums wird die Geburt erwähnt. So etwa in dem Hymnus, den Paulus in seinem Brief an die Gemeinde von Philippi aufgenommen hat:

„Er war in Gottesgestalt,
hielt aber nicht daran fest,
Gott gleich zu sein,
sondern er entäußerte sich,
wurde wie ein Sklave
und den Menschen gleich.
Sein Leben war das eines Menschen;
er erniedrigte sich und ward gehorsam bis zum Tod,
ja bis zum Tod am Kreuz ...“ (Phil 2,6–8).

Diese erste Hälfte des Liedes besingt Jesu Menschwerdung, sein menschliches Leben und seine Hingabe im Tod. Als Vorstellung ist der Gedanke der Erniedrigung herangezogen. Auch hier erfahren wir nichts darüber, wie es sich im einzelnen mit der Geburt Jesu verhielt. Christi Herkunft von Gott und seine menschliche Existenz bis hin zum Kreuzestod sind das Thema, und im darauf folgenden zweiten Teil werden seine Erhöhung und seine Heils-Herrschaft besungen.

Im Mittelpunkt des Prologs zum Johannesevangelium, ebenfalls einem urchristlichen Hymnus, steht die Aussage:

„Und das Wort ist Fleisch geworden
und hat unter uns gewohnt,
und wir haben seine Herrlichkeit geschaut
die Herrlichkeit des einzigen Sohnes vom Vater,
voll Gnade und Wahrheit“ (Joh 1,14).

Hier wird wiederum von einem anderen Denkhintergrund her die Menschwerdung artikuliert. Ausgangspunkt ist die frühjüdisch-hellenistische Auffassung von der Weisheit Gottes, die als sein Wort in die Welt gesandt wird. Zugleich ist aber auch die Heilserfahrung genannt, die Menschen in der Begegnung mit dem menschgewordenen Wort gemacht haben.

In *erzählender Form* stellen die Evangelien des Mattäus und Lukas die Geburt Jesu dar. Im Unterschied zu den bisher genannten Texten enthalten sie Angaben über Zeit und Ort der Geburt, sie nennen die Namen Maria und Josef und teilen nähere Umstände mit. Nur die Kindheitsevangelien des Mattäus und Lukas erzählen im Neuen Testament von der Ankündigung der Geburt des Täufers und Jesu durch den Engel Gabriel, von der geistgewirkten Empfängnis, von der Geburt in Betlehem zur Zeit Herodes des Großen (37–4 v. Chr.), von der Verkündigung durch Engel an die Hirten, von der Huldigung der Magier, der Flucht nach Ägypten, dem Kindermord, von der Beschneidung und Darstellung Jesu im Tempel. Freilich finden sich von den hier genannten Einzelthemen nur wenige in *beiden* Evangelien. Der Unterschied in der Stoffauswahl, Stoffanordnung und Stoffgestaltung ist so groß, daß man eine unabhängige Gestaltung und die Benutzung unabhängiger Überlieferungen annehmen muß.

Gemeinsam für die Vorgeschichten des Mattäus- und Lukasevangeliums will aber beachtet sein:

1. Sie sind Teil des Evangeliums. Das erscheint auf den ersten Blick zwar als Selbstverständlichkeit, verdient aber doch, eigens hervorgehoben zu werden. Denn diese Grundeinsicht besagt: Das, was Mattäus und Lukas über die Geburt Jesu erzählen, dient der Verkündigung, daß Gott durch diesen Jesus, von dessen Geburt die Rede ist, endgültiges Heil für die Menschen schafft. Es ist Verkündigung der Heilsbedeutsamkeit Jesu. Das heißt aber zugleich: es ist nicht in erster Linie Geschichtsprotokoll; dafür sind überdies die historischen Angaben zu lückenhaft.

2. Sie sind geschrieben aus dem Wissen um die Kreuzigung Jesu und aus dem Glauben an die Heilsbedeutsamkeit seines Todes und seiner Auferstehung. So drückt sich z. B. in den Worten des Engels: „Er wird groß sein und Sohn des Höchsten heißen. Gott, der Herr, wird ihm den Thron seines Vaters

David geben. Er wird herrschen über das Haus Jakob in Ewigkeit und seine Herrschaft wird kein Ende haben" (Lk 1,32f) das im Osterglauben wurzelnde urchristliche Bekenntnis zu Jesus Christus aus.

3. Sie sind gestaltet unter starker Bezugnahme auf das Alte Testament. Obwohl in der Weise der Schriftverwendung durch Mattäus und Lukas mancherlei Unterschiede festzustellen sind, kann man doch sagen, daß sich in den Kindheitsevangelien beider Evangelisten Texte finden, die der literarischen Form der jüdischen Haggada nahe stehen. Damit sind jüdische Erzählungen gemeint, die Ereignisse oder Personen durch Rückgriff auf alttestamentliche Aussagen deuten.

4. Von den Aussage-Inhalten sind dem Mattäus- und Lukasevangelium gemeinsam: die Empfängnis Jesu aus dem Heiligen Geist durch die Jungfrau; der Name der Mutter Jesu: Maria, und ihres Verlobten: Josef; Jesu Herkunft aus Davids Geschlecht; die Geburt Jesu in Betlehem zur Zeit des Herodes; der Wohnort der Familie: Nazaret.

An *Unterschieden* zwischen der mattäischen und lukanischen Vorgeschichte sind zu bemerken:

1. In bezug auf den Inhalt: Nur Mattäus bietet den Stammbaum Jesu, und zwar von Abraham her absteigend. Lukas hat den Stammbaum Jesu im Hauptteil des Evangeliums (Kap. 3) untergebracht. Er führt ihn in aufsteigender Linie mit anderen Namen als Mattäus bis zu Adam hinauf. Mattäus will Jesus vor allem als Davids Sohn und Vollender der heiligen Geschichte Israels erweisen; Lukas betont mehr, daß Jesus der Heiland der ganzen Menschheit ist.
Nur Mattäus berichtet von Josefs Erwägung, Maria zu entlassen und von der Rechtfertigung Mariens, die der Engel dem Josef im Traum gibt. Möglicherweise werden hier vom Evangelisten Einwände entkräftet, die im ersten Jahrhundert gegen die Aussage der geistgewirkten Empfängnis Jesu erhoben wurden.
Nur Mattäus erzählt von der Huldigung der Magier, der Flucht nach Ägypten, dem Kindermord und der Wohnsitznahme der Familie in Nazaret.

Nur Lukas bezieht in die Darstellung auch die Kindheitsgeschichten mit ein, die von Johannes, dem Täufer handeln: die Ankündigung seiner Geburt durch den Engel Gabriel, seine Geburt, Beschneidung und Namensgebung.
Nur Lukas berichtet in bezug auf Jesus: die Ankündigung seiner Geburt durch den Engel Gabriel, die Begegnung zwischen der Mutter Jesu und der Mutter des Täufers, den durch die Steuereintragung veranlaßten Weg nach Betlehem, die Geburt Jesu im Stall, die Engelsbotschaft vor den Hirten, Beschneidung, Namengebung, Darstellung im Tempel und schließlich die Wallfahrt des zwölfjährigen Jesus zum Heiligtum nach Jerusalem.

2. In bezug auf die Weise, in der bestimmte Darstellungsmittel eingesetzt werden, fällt z. B. auf, daß in der Vorgeschichte des Mattäus die Weisungen Gottes immer durch Engel *im Traum* gegeben werden (1,20; 2,12.13.19). Lukas dagegen gestaltet Szenen, in denen der Engel in leibhafter Gestalt erscheint und mit vollbewußten Menschen redet (1,11.26; 2,9).

3. Bezüglich der alttestamentlichen Schriftverwendung ist für Mattäus charakteristisch, daß er oft die Formel benutzt: „damit ... sich erfüllt" (1.22; 2,15.17.23). Er weist mit seinen „Reflexionszitaten" ausdrücklich darauf hin, daß in den dargestellten Geschehnissen sich die Schrift, d. h. Gottes Wille erfüllt. Lukas pflegt in der Vorgeschichte einen anderen Umgang mit der Schrift: ohne ausdrücklich auf die Verwendung eines bestimmten Schriftwortes aufmerksam zu machen, läßt er alttestamentliche Aussagen einfach in den Text einfließen oder gestaltet eine Szene in Anlehnung an entsprechende Szenen des Alten Testaments. – Die bisher nur im Überblick angedeuteten Grundzüge der literarisch-theologischen Eigenart der Kindheitsevangelien seien im Folgenden an besonders wichtigen Texten ausführlicher dargestellt.

2. Schwerpunkte der lukanischen Darstellung

Das Kindheitsevangelium des Lukas (1,5–2,52) ist eine kunstvoll gestaltete Einheit, die aus mehreren Einzelerzählungen zusammengesetzt ist:

Ankündigung der Geburt des Johannes		Ankündigung der Geburt Jesu
	Begegnung der beiden Mütter	
Geburt, Beschneidung, Namengebung des Johannes		Geburt, Beschneidung, Namengebung, Darstellung Jesu
		Der Zwölfjährige im Tempel

Der Aufbau zeigt, daß Johannes- und Jesusüberlieferungen einander folgen und einander zugeordnet sind. Die Aussagen über Jesus sind aber nicht nur denen über Johannes parallel gestaltet, sondern die Aussage-Inhalte überbieten jeweils das, was über Johannes ausgesagt ist. Bevor dies an einem Beispiel gezeigt wird, sei auf eine weitere Besonderheit der Gestaltung hingewiesen: Sowohl die Johannes- als auch die Jesusüberlieferungen sind in Anlehnung an alttestamentliche Geburtserzählungen geformt. Beide Besonderheiten, nämlich die überbietende Parallelität und die Abhängigkeit vom Alten Testament, seien anhand der Texte von der Ankündigung der Geburt verdeutlicht:

Gen 16,7–12	Gen17,15–19	Lk 1,10–20	Lk 1,26–38
Der Engel Gottes erscheint vor Hagar, die von Abraham schwanger und auf der Flucht vor Sara ist. Er sprach: . . . Siehe, du bist schwanger und wirst einen Sohn gebären den sollst du Ismael nennen . . . Er wird ein Mensch sein wie ein Wildesel. Seine Hand wird sich gegen alle kehren und die Hand aller gegen ihn . . .	Gott sprach zu Abraham: . . . Deine Frau Sara soll dir einen Sohn gebären, den sollst du Isaak nennen . . . und ich will meinen Bund mit ihm aufrichten als einen ewigen Bund . . .	Während Zacharias das Abendopfer darbrachte . . . erschien ihm ein Engel des Herrn und sagte zu ihm: . . . Deine Frau wird dir einen Sohn gebären, dem sollst du den Namen Johannes geben . . . Er wird groß sein vor Gott. Wein u. berauschende Getränke wird er nicht trinken und schon im Mutterleib vom Hl. Geist erfüllt sein. Viele Israeliten wird er zu Gott bekehren . . .	Der Engel Gabriel wird zur verlobten Jungfrau Maria gesandt. Er sagt: . . . Siehe, du wirst empfangen und einen Sohn gebären. Du sollst ihm den Namen Jesus geben. Er wird groß sein und Sohn des Höchsten genannt werden. Gott der Herr wird ihm den Thron seines Vaters David geben, und er wird herrschen im Hause Jakob in Ewigkeit . . .

Es ist leicht zu erkennen, daß alle vier Texte, die von der Ankündigung der Geburt eines Kindes sprechen, den gleichen Aufbau haben: Redeeinführung (Es spricht ein Engel oder Gott selbst); Redeinhalt: Ankündigung der Geburt eines Sohnes; Namensnennung; Bedeutung des Kindes. Im Alten Testament gibt es noch mehrere derartiger Texte, und sie sind alle nach der gleichen Struktur aufgebaut. Ihr Sinnzentrum liegt jeweils in der Aussage über die Bedeutsamkeit, die das Kind in seinem späteren Leben erlangen wird. Das ist verständlich, denn die Erzählungen sind ja erst entstanden, nachdem etwa Isaak, Mose, Gideon, Samuel sich als bedeutend für die Geschichte Israels erwiesen hatten. Die Geburtserzählungen sind der sprachliche Ausdruck des Glaubens, daß Gott im Leben dieser Gestalten zum Heil seines Volkes gewirkt hat, und zwar *von Anfang an*. Der neutestamentliche Schriftsteller hat dieses alttestamentliche Sprach-Schema und dessen Aussageabsicht übernommen, aber den Inhalt entsprechend der endgültigen und universalen Heilsbedeutsamkeit Jesu begründeterweise gesteigert. Durch die Bindung an die alttestamentlichen Erzählungen soll deutlich werden, daß sich das vom Bundesgott Israels begonnene Heilswirken im Leben des Täufers fortsetzt und in Jesus seine Vollendung findet.

Wir haben bisher den Blick nur auf die erste Hälfte der Verkündigungsberichte gelenkt. Auch wenn wir die *zweite Hälfte* betrachten, lassen sich Abhängigkeiten von alttestamentlichen Texten erkennen, und zwar vom sogenannten Berufungs-Schema. Es enthält folgende Strukturelemente: Auftrag Gottes an den Menschen; Einwände des Menschen; Entkräftung dieser Einwände von Seiten Gottes; Beistandserklärung Gottes und beglaubigendes Zeichen (z. B. Ex 3,10–12; Jer 1,4–10).

Wer diese Zusammenhänge mit den alttestamentlichen Texten erkennt, dem wird deutlich, daß es in den Erzählungen des Lukas nicht darum geht, über historische Einzelheiten und Umstände des Lebensanfangs Jesu zu informieren. Die Texte sind vielmehr Bekenntnis-Erzählungen: sie sprechen den Glauben an Jesus Christus, den Sohn Gottes und endgültigen Heilsmittler, in erzählender Form aus. Der Grund für diesen Glauben und die Berechtigung für derartige Aussagen liegt nicht in der genauen Kenntnis über das, was sich in der Stunde der Empfängnis Jesu zugetragen hat, sondern in den Erfahrungen, die Menschen mit Jesus während der Zeit seines Wirkens, in seinem Tod, seiner Auferstehung und im Empfang seines Geistes gemacht haben.

Daß es vor allem um Christusverkündigung geht, zeigt sich im lukanischen Kindheitsevangelium auch daran, daß in die erzählenden Teile immer wieder Lied-Texte eingebaut sind. Es sind Hymnen aus dem urchristlichen Gottesdienst und sie besingen das durch Jesu Leben, Sterben und Auferstehen erschienene Heil sowie den Heilbringer selbst, und sie danken Gott dafür. Ein solches Lied ist der Gesang, der den *Engeln* über dem Hirtenfeld in den Mund gelegt ist:

„Verherrlicht ist Gott in der Höhe
und Friede ist auf Erden
bei den Menschen, die er liebt“ (2,14)

Die Verherrlichung Gottes ist durch Jesu gottgefälliges Leben geschehen, durch seine Hingabe bis in den Tod und durch seine Auferstehung. Darin erwies sich das Herr-sein Gottes. Friede auf Erden ist dort, wo Menschen sich dem durch Jesus ermöglichten und geschenkten Heil öffnen. Niemand ist von vornherein davon ausgeschlossen; denn Gottes Liebe gilt allen. *Er* ist es, von dem Frieden und Heil ausgehen.

Das Lied im Munde Simeons drückt, aufgrund urchristlicher Missionserfahrung, besonders deutlich den Gedanken aus, daß Jesus Christus das Heil *aller* Menschen ist:

„Nun läßt du, Herr, Deinen Knecht,
wie du gesagt hast, in Frieden scheiden.
Denn meine Augen haben das Heil geschaut,
das du vor allen Völkern bereitet hast:
ein Licht, das die Heiden erleuchtet,
und herrlich ist für dein Volk Israel“ (2,29–32).

Die Gültigkeit und Wahrheit dessen, was diese Lieder zum Ausdruck bringen, hängen nicht davon ab, ob die Engel oder Simeon sie gesungen haben, sie wurzeln im Christusereignis. Wer Jesu inne geworden ist als des Messias und auferstandenen Herrn, kann mit Recht sagen:

„Ich verkünde euch große Freude,
die dem ganzen Volk zuteil werden soll:
Heute ist euch der Retter geboren in der Stadt Davids,
er ist der Messias, der Herr“ (2,10f.).

Die Geburt des Kindes selbst wird von Lukas in äußerster Schlichtheit erzählt: Maria „gebar ihren Sohn, den Erstgeborenen, wickelte ihn in Windeln und legte ihn in eine Krippe, weil in der Herberge kein Platz für sie war“ (2,7). Aber die Bedeutung des geborenen Kindes wird in den Hymnen strahlend entfaltet.
Außer dem zentralen christologischen Bekenntnis durchzieht die lukanische Darstellung auch eine besondere Aufmerksamkeit für Maria, die Mutter Jesu. Maria erscheint vor allem als die Glaubende, die sich dem Worte Gottes öffnet und zur dienenden Magd des Herrn wird. Im Magnifikat erklingt das erste Marienlob der Kirche.

3. Fragen unserer Zeit

In der theologischen Forschung der Gegenwart werden in bezug auf das lukanische (und z. T. mattäische) Kindheitsevangelium besonders drei Fragen diskutiert: Was soll ausgesagt werden mit der *Steuererhebung unter Quirinius*, mit der *Geburt Jesu in Betlehem* und mit der *geistgewirkten Empfängnis* Jesu *durch die Jungfrau*? Wenn diese drei Fragen der Kürze wegen hier nebeneinander gestellt sind, soll dies nicht bedeuten, daß allen drei Fragen das gleiche Gewicht zukomme.

Zur Zensusfrage: Lukas schreibt, der römische Kaiser Augustus (31 v. Chr.–14 n. Chr.) habe den Befehl gegeben, die Bewohner des gesamten Weltreiches in Steuerlisten eintragen zu lassen. Dies sei die erste umfassende Erhebung gewesen und sie sei durchgeführt worden, als Quirinius Statthalter von Syrien war. Aufgrund dessen sei auch Josef von Nazaret nach Betlehem gezogen, in die Stadt Davids, weil er aus Davids Geschlecht stammte. Auch Maria habe er zur Eintragung mitgenommen. Als sie dort waren, habe Maria ihren Sohn Jesus geboren (Lk 2,1–7).

Das Problem, das dieser Text stellt, ist die zeitgeschichtliche Zuordnung der Geschehnisse. Es sind zwar in der römischen Geschichte ähnliche Vorgänge wie die hier genannte Steuereintragung belegt. Aber folgende Gründe sprechen gegen eine historisch zutreffende Berichterstattung des Lukas: 1. Während der Regierungszeit des Augustus ist nie ein das ganze Reich umfassender Zensus vorgenommen worden. 2. Quirinius war nicht zur Zeit Herodes des Großen (37–4 v. Chr.) Statthalter in Syrien, sondern erst vom Jahre 6 n. Chr. an. In dieser Zeit hat er dann allerdings eine Steuereintragung durchgeführt. 3. Unter der Regierung des Herodes wäre eine von Rom angeordnete Steuerschätzung in Palästina unvorstellbar gewesen, da Herodes zu hohe Souveränität besaß. Aus diesen Gründen hat man es in der heutigen Theologie fast ganz aufgegeben, in der Angabe des Lukas eine historisch zutreffende Information zu sehen.
Dennoch hat der Lukas-Text eine große Bedeutung: Mit Hilfe des Zensusmotivs erklärt Lukas, weshalb die Geburt Jesu nicht in Nazaret, sondern in der Davidsstadt Betlehem geschieht und vor allem: die Geburt Jesu wird „einer dem ganzen Erdkreis geltenden Machttat des damaligen Weltherrschers“ (Vögtle) zugeordnet. Lukas drückt mit diesem Darstellungsmittel die weltweite Bedeutung Jesu aus. Unter Verwendung des gleichen Gestaltungsmittels hebt Lukas öfter diesen Gesichtspunkt hervor. Besonders deutlich ist dies erkennbar bei der Schilderung des Auftretens des Täufers und dem Beginn der öffentlichen Wirksamkeit Jesu (Lk 3). Lukas ändert an dieser Stelle seine Vorlage, das Markusevangelium, ab und kennzeichnet den Zeitpunkt des Auftretens so: „Im fünfzehnten Jahr der Regierung des Kaisers Tiberius, als Pontius Pilatus Statthalter von Judäa, Herodes Antipas Vierfürst von Galiläa war . . ., da geschah es . . .“ Und in der Apostelgeschichte läßt Lukas den Paulus vor dem römischen Statthalter über die Ereignisse des Lebens Jesu die Worte sprechen: „Dies alles hat sich ja nicht in irgendeinem Winkel zugetragen“ (Apg 26,26). Lukas hebt die weltweite Bedeutung der Geschehnisse hervor. Ihr dient auch die Erwähnung des Reichszensus.

Zur Frage der Geburt Jesu in Betlehem: Nur die Kindheitserzählungen des Mattäus und Lukas sagen, daß Jesus in Betlehem geboren worden sei, und sie kennzeichnen die Stadt ausdrücklich als die Stadt Davids. Es erhebt sich die Frage, ob diese Angabe eine geographisch exakte Bezeichnung des Geburtsortes Jesu sein will, oder ob sie sagen will: Jesus ist der Messias aus dem Geschlechte Davids. Diese Frage erhebt sich nicht aus unbegründeter Kritik an den Texten oder aus leichtfertiger Skepsis. Sie ergibt sich aus folgenden Beobachtungen an den neutestamentlichen Aussagen selbst: 1. Wenn sich das Zensusmotiv nicht als historische Aussage verstehen läßt, fällt auch die Begründung für den Gang Josefs und Marias nach Betlehem im Sinne eines historischen Geschehens fort, d. h. dieser Ortswechsel wird unter historischem Gesichtspunkt fraglich. 2. Es gab im zeitgenössischen Judentum eine Messiaserwartung, die meinte, der Messias müsse aus Betlehem stammen. Diese Erwartung stützte sich vor allem auf das Prophetenwort des Micha: „Du aber Betlehem ... klein unter den Gauen Judas, aus dir soll mir der hervorgehen, der Herrscher in Israel werden soll ...“ (Mich 5,1–4). Das Johannesevangelium bietet ein gutes Beispiel dafür, wie die Geburt in Betlehem als Kriterium herangezogen wurde für die Frage, ob Jesus der Messias sei: „Einige Leute aus dem Volk ... sagten: Er ist wahrhaftig der Prophet. Andere sagten: Er ist der Messias. Wieder andere sagten: Kommt denn der Messias aus Galiläa? Hat die Schrift nicht gesagt: Der Messias kommt aus dem Geschlecht Davids und aus dem Dorf Betlehem, wo David lebte? So entstand seinetwegen ein Zwiespalt im Volk“ (Joh 7,40–42). An diesem Text ist für unsere Fragestellung bemerkenswert: Er bezeugt die genannte, an Betlehem gebundene Messiaserwartung; er wendet sie als Kriterium für die Messianität Jesu an; er läßt erkennen, daß die Betlehem-Geburt Jesu nicht im Bewußtsein des Volkes war. Diese Zusammenhänge lassen deutlich erkennen, wie berechtigt die Erwägung ist, daß möglicherweise in den Kindheitsevangelien nur deshalb die Geburt in Betlehem hervorgehoben wird, um Jesu Messianität zu bezeugen. 3. Dieser Eindruck verstärkt sich, wenn man beachtet, daß die Micha-Aussage bei Mattäus wörtlich zitiert wird (Mt 2,6) und bei Lukas zur erzählenden Gestaltung der

Geburt Jesu und der Hirtenszene herangezogen worden ist (Lk 2,4–14). 4. Nirgendwo im Neuen Testament wird sonst gesagt, daß Jesus in Betlehem geboren sei. Im Gegenteil: der schon angeführte Text aus dem Johannesevangelium setzt die Annahme voraus, Jesus stamme aus Galiläa. Im übrigen wird Jesus meist bezeichnet als „Jesus von Nazaret". Freilich sollte diese Bezeichnung in unserem Zusammenhang nicht überinterpretiert werden; denn sie hätte selbst dann ihre Berechtigung, wenn Jesus in Betlehem geboren wäre, weil er ja in Nazaret aufgewachsen ist.

Eines dürfte aus diesen Erwägungen deutlich hervorgehen: Die Aussage, Jesus ist in Betlehem geboren, meint mehr, als die geographische Angabe seines Geburtsortes. Sie steht im neutestamentlichen Sprachgebrauch im Zusammenhang mit der Messianität und besagt: Jesus ist der Messias. Er ist von Gott dazu bestellt, als Herrscher in Ewigkeit die einst dem David anvertraute Herrschaft überbietend zu vollenden. Ob darüber hinaus die Angaben historisch zutreffend sind, kann nicht mit der gleichen Gewißheit beantwortet werden.

Zur Frage nach der Jungfrauengeburt: Mattäus und Lukas bezeugen, Jesus sei durch den Heiligen Geist empfangen worden von Maria, der Jungfrau. Angesichts dieser neutestamentlichen Aussage, die überdies in unserem Glaubensbekenntnis fest verankert ist, stellt sich die Frage nach dem Sinn dieses Bekenntnis-Satzes: Meint er ein Ereignis innerhalb der Heilsgeschichte, das auch biologische Voraussetzungen hat, nämlich die einer vaterlosen Empfängnis? Oder ist es eine christologische Aussage, die mit Hilfe des bildhaften Darstellungsmittels „geistgewirkte Empfängnis" künden will: Jesus ist Heilsmittler ganz von Gott her, und seine Heilsbedeutung ist durch Gottes Geist bewirkt? Oder drückt die Aussage beides aus? Die Frage steht heute inmitten der theologischen Diskussion und die Erörterung darüber ist nicht abgeschlossen. Der Sinn der folgenden Ausführungen kann deshalb nur sein, die Gründe für die eine oder andere Auffassung zu nennen und sie behutsam zu werten.

Zugunsten der herkömmlichen Auffassung, daß mit der Aussage nicht nur ein christologisches Bekenntnis, sondern auch das geschichtliche Ereignis einer vaterlosen Empfängnis Jesu gemeint sei, sprechen vor allem: 1. die ausdrückliche Bezeugung bei Mattäus und Lukas; 2. die verhältnismäßig früh einsetzende, ununterbrochene kirchliche Überlieferung, die den Satz in dem genannten Sinne verstand. Zugunsten der Auffassung, es handle sich nicht um ein historisch-biologisches Ereignis, sondern um eine bildhafte Ausdrucksweise, sprechen folgende Gründe:

1. Die jungfräuliche Empfängnis Jesu ist im Neuen Testament nur sehr schwach und spät bezeugt, nämlich nur in den Kindheitsevangelien des Mattäus und Lukas, und auch hier nur in bestimmten Teilen (Lk 2,48 spricht z. B. von den Eltern Jesu).

2. Im Neuen Testament wird mehrfach von Jesus als dem Sohn Josefs gesprochen, ohne daß eine Korrektur erfolgt (z. B. Joh 1,45; 6,42).

3. Man vermißt die geringste Andeutung gerade auch an den Stellen, wo man vom Kontext her eine Bezugnahme auf die Jungfrauengeburt erwarten könnte (z. B. Röm 1,3; Gal 4,4; Joh 1)

4. Die Kindheitsevangelien stehen im ganzen stark unter der Zielsetzung der Christus-Verkündigung und weniger unter historischen Interessen.

5. Gerade die Teile, die innerhalb der Kindheitsevangelien von der geistgewirkten Empfängnis Jesu sprechen, lassen deutlich den Einfluß der alttestamentlichen Geburtserzählungen sowie des Jesajawortes „Siehe, die Jungfrau wird empfangen und einen Sohn gebären . . .“ (Jes 7,14) erkennen.

6. Sie zeigen überdies entferntere Einflüsse aus der jüdisch-hellenistischen Geisteswelt.

Mit den Methoden der historisch-kritischen Bibelwissenschaft läßt sich das geschichtliche Ereignis einer vaterlosen Empfängnis Jesu wohl nicht erweisen.
Liefert die systematische Theologie Gründe, die eine solche Annahme rechtfertigen, besonders nach dem Gewicht, die der schon erwähnten kirchlichen Überlieferung zukommt? Diese Fragen bedürfen noch weiterer Klärung.

Wenn die Bibelwissenschaft zwar keine positive Antwort auf die Frage nach dem historischen Ereignis zu geben vermag, so ist sie doch in der Lage, den Sinn der Mattäus- und Lukasaussagen über die geistgewirkte Empfängnis Jesu zu erkennen. Er läßt sich etwa so umschreiben: Die Gottessohnschaft Jesu ist von keinen natürlichen, innerweltlichen Voraussetzungen her ableitbar. Er ist dementsprechend auch durch keine rein menschliche Kategorie, sondern nur im Glauben zu erfassen. Er ist ganz das Geschenk Gottes an die Menschheit. In ihm hat Gott die Neue Schöpfung grundgelegt. Er empfing seine messianische Sendung und Salbung durch den Heiligen Geist. Maria wurde von Gott erwählt und gewürdigt, Mutter des Messias und Sohnes Gottes zu sein. Sie ist uns deshalb der Verehrung würdig. Zu ihrer Auserwählung als Mutter des Messias und Sohnes Gottes kommt ihr menschliches Ja zum göttlichen Heilsplan, indem sie während ihres Lebens dienend, glaubend und bittend das messianische Wort und Wirken ihres Sohnes und das Leben der jungen Kirche begleitete.
Vor einem Mißverständnis, dem man in Glaubensgesprächen oft begegnet, sei abschließend noch gewarnt: Die Gottessohnschaft Jesu hängt nicht von der vaterlosen Empfängnis ab. Jesus ist nicht etwa deshalb Sohn Gottes, weil er keinen menschlichen Vater hätte! Die Gottessohnschaft Jesu rührt vielmehr von der Zeugung des ewigen Sohnes Gottes aus dem Vater her. Sie ist freilich für unseren Menschenverstand ein undurchdringliches Mysterium. Aber auch über die Anfänge des irdischen Lebens Jesu werden wir sagen müssen, daß sie im Geheimnis liegen.

4. Schwerpunkte der mattäischen Darstellung

Im Unterschied zu Lukas berichtet nur Mattäus von der Huldigung der Magier, der Flucht nach Ägypten, dem Kindermord und der Wohnsitznahme in Nazaret (Mt 2,1–23).

Der Text weist eine ganze Reihe Erzählelemente auf, die sich zeitgeschichtlich gut erklären lassen und die Anlaß geben könnten, ihn als einfachen *Geschichtsbericht* zu verstehen. Zu ihnen gehören z. B.: Die Bezeichnung der suchenden Männer als *Magier* aus dem Osten. Das von Palästina östlich gelegene Zweistromland galt seit alters her als Land der Sternkunde. Als Magier galten Leute mit geheimem Wissen, die auch besonders in der Sternkunde bewandert waren. Daß sie ein *auffallendes Gestirn* entdeckten, ist glaubhaft, zumal die Sternwarte von Sippar am Euphrat für das Jahr 7 v. Chr. die Konjunktion zwischen Jupiter, dem Stern des Herrschers, und Saturn, dem Stern Israels, vorausberechnet hatte und man das Eintreten mit Spannung erwartete. Die Schilderung des *Herodes*, der durch den Besuch der Magier und ihre Fragen nach dem neugeborenen König der Juden unruhig wird, einen Konkurrenten fürchtet und dann die Knäblein töten läßt, paßt ganz zum geschichtlich belegten Charakter dieses Tyrannen: Er bangte so um seine Herrschaft, daß er aus Argwohn seine Frau Mariamne, drei Söhne und den Hohenpriester Aristobul umbringen ließ. Verständlich ist auch, daß Josef grade *Ägypten* zur Flucht wählt; denn es galt in verschiedenen früheren Verfolgungen schon als Fluchtland für Verfolgte aus Israel.

Manche Aussagen klingen aber so befremdlich oder sind so eigenartig, daß sie *Bedenken* aufkommen lassen, ob es sich um die einfache Darstellung eines Geschehensablaufs handelt. Dieser Art sind etwa die Aussagen über den *Stern*: er zeigt den Weg von Jerusalem nach dem nur 7 km südlich gelegenen Betlehem. Konnte nicht jedes Kind diesen Weg weisen? Und bewegen sich die Sterne nicht in ost-westlicher Richtung? Wie konnte der Stern den genauen Ort anzeigen? Sollte es sich aber um einen von Gott wunderbar gelenkten Stern handeln, warum führte Gott ihn dann nicht gleich nach Betlehem, sondern zuerst nach Jerusalem, wodurch Herodes aufmerksam wurde, das Jesuskind in Gefahr kam und der Kindermord ausgelöst wurde? – Warum *erschrickt* bei der Frage nach dem neugeborenen König nicht nur Herodes, sondern „ganz Jerusalem mit ihm“? Hätte man sich nicht eher gefreut über die Aussicht, daß der Tyrann abgelöst würde? – Es ist kaum anzunehmen, daß Herodes den *Hohenrat einberufen* hätte, da er sich ja sonst nicht um ihn kümmerte. – Auch fällt auf, daß der mißtrauische König sich auf die Magier *verläßt* und sonst nichts unternimmt, um sich der Gefahr des Konkurrenten zu entledigen. – Auffallend sind sodann die *Gaben* Gold, Weihrauch und Myrrhe. – Die *Magier gehen fort*, ohne daß sie im Neuen Testament noch jemals erwähnt werden. – An den folgenden Erzähleinheiten – der Flucht, dem Kindermord, der Wohnsitznahme – ist bemerkenswert, daß alle drei in einem *alttestamentlichen Zitat* gipfeln. Die genannten Eigenarten des Textes machen darauf aufmerksam, daß seine Aussage möglicherweise noch nicht verstanden ist, wenn man ihn lediglich als Tatsachenbericht liest.

Die Auffälligkeiten finden aber eine Erklärung, und der Text beginnt in anderer Weise zu sprechen, wenn man ihn unter *Berücksichtigung alttestamentlicher* und *jüdischer Aussagen über Mose* betrachtet. Wie sehr er aus derartigen Elementen aufgebaut ist, und in welcher Angleichung an das Mose-Geschick die Jesus-Erzählung gestaltet ist, wird durch einen Textvergleich deutlich:

Aussagen des Mattäus	Aussagen des Alten Testaments und des Judentums über Mose
Die Magier fragen nach dem neugeborenen König der Juden.	Als Mose geboren war, erfährt der Ägypterkönig durch Schriftkundige von der Geburt eines Knaben und dessen Bestimmung, die Macht der Ägypter zu brechen und die Israeliten zu befreien (Flavius Josephus).
Sie sagen: Wir haben seinen Stern aufgehen sehen und sind gekommen, ihm zu huldigen.	Vom endzeitlichen Retter ist gesagt: Es geht auf ein Stern aus Jakob (Num 24); von der messianischen Zeit: Werde Licht, Jerusalem! Denn dein Licht kommt und die Herrlichkeit des Herrn strahlt auf über Dir . . . Völker strömen zu deinem Licht, Könige zum Glanz, der über dir aufstrahlt (Jes 60); und von Mose heißt es: Bei der Geburt des Mose füllte sich das ganze Haus mit Licht (Jüd. Überlieferg.).

Als Herodes das hört, erschrickt er und ganz Jerusalem mit ihm.	Durch die Mitteilung der Weisen erschrickt der König und alle Israeliten mit ihm. (Flavius Josephus).
Er ruft alle Hohenpriester und Schriftgelehrten, erhält Auskunft durch ein alttestamentliches Zitat und schickt die Magier nach Betlehem.	Der Ägypterkönig läßt alle Magier Ägyptens rufen (jüd. Überlieferung).
Sie huldigen dem Kind, schenken Gold, Weihrauch, Myrrhe und gehen auf einem anderen Wege fort.	Von der messianischen Zeit heißt es: Die Schätze der Völker werden zu dir kommen, . . . die Sabäer werden . . . Gold und Weihrauch bringen (Jes 60).
Ein Engel sagt zu Josef im Traum: flieh! Herodes wird das Kind suchen und töten. Josef flieht mit Maria und dem Kind nach Ägypten. Dort bleibt er bis zum Tod des Herodes. Es sollte sich das Prophetenwort erfüllen: Aus Ägypten habe ich meinen Sohn gerufen (Hos 11,1).	Der Ägypterkönig sucht Mose zu töten (Ex 2,15).
Herodes läßt alle Knaben bis zum Alter von zwei Jahren töten. Jesus wird gerettet. Erfüllung des Prophetenwortes: Rahel weint um ihre Kinder (Jer 31,15).	Der Ägypterkönig befiehlt die Tötung aller Hebräerknaben. Mose wird gerettet (Ex 1f).
Als Herodes gestorben ist, spricht ein Engel zu Josef in Ägypten im Traum: zieh in das Land Israel, denn die, die dem Kind nach dem Leben trachteten, sind gestorben.	Als der Ägypterkönig gestorben ist, spricht der Herr zu Mose in Midian: zieh zurück in das Land Ägypten, denn alle, die dir nach dem Leben trachteten, sind gestorben (Ex 4,19).
Josef nimmt das Kind und seine Mutter und zieht in das Land Israel.	Mose nimmt seine Frau und seinen Sohn und kehrt nach Ägypten zurück (Ex 4,20).
Er läßt sich in Nazaret nieder. Es sollte sich erfüllen, was die Propheten gesagt haben: Er wird Nazoräer genannt werden (Anspielung auf Jes 11, 1).	

Aus diesem vergleichenden Überblick geht hervor: Der „Stern von Betlehem" ist nicht als ein sichtbar wahrgenommenes Gestirn zu verstehen, sondern ist Zeichen für den Messias, der als Licht der Welt erschien und im Licht des Glaubens gesucht und gefunden werden will. Die starke Anlehnung der gesamten Erzählung an die alttestamentlichen und jüdischen Mose-Erzählungen hat den Sinn, *Jesus als den endzeitlichen Mose*, den endgültigen Retter aus aller Unfreiheit zu erweisen. So wie es im Judentum zur Zeit des Urchristentums die Erwartung gab, daß der Messias als David der Endzeit kommen werde, gab es auch die Erwartung des endzeitlichen Mose, der in überbietender Weise das tun werde, was der Mose der Vergangenheit zum Heil des Volkes durch Gottes Beistand gewirkt hat. Daß gerade Mattäus in seinem Kindheitsevangelium auf diese Mose-Typologie zurückgreift, ist nicht verwunderlich; denn er hat es auch mehrfach im Hauptteil seines Evangeliums getan. So ist z. B. die Mattäus-Fassung der Bergpredigt in Anlehnung an die Gesetzgebung am Sinai gestaltet: wie Mose auf den Berg geht und von dorther die Weisung Gottes für das Volk gibt, erhält auch das Volk des Neuen Bundes von Jesus auf dem Berg seine göttliche Weisung. Wie Mose zur Beglaubigung seines Gottesauftrags zehn Wunder vor dem Pharao wirkt und so das Volk befreit, wirkt auch Jesus – nach mattäischer Darstellung im Anschluß an die Bergpredigt – zehn Wunder als Zeichen seiner Befreiung für die Menschen und der anbrechenden Gottesherrschaft.

Der mit den Elementen der Mose-Erzählungen gestaltete Text des Mattäus hat darüber hinaus folgende Aussageschwerpunkte: Er erzählt, wie Jesus von den Menschen aufgenommen wurde und immer noch aufgenommen wird. Gerade die, die in der unmittelbaren Umgebung des Geburtsortes ihres Messias wohnen, die die heiligen Schriften seit langem besitzen, im Studium der Schriften bewandert sind, Bescheid wissen und Auskunft geben, gehen nicht hin, um anzubeten. Im Unterschied zu ihnen finden gerade die zu Jesus, die nicht den Vorteil der Schriftgelehrsamkeit besitzen, die von weit herkommen als Suchende. Gerade ihnen leuchtet er als Licht für ihr Leben auf. Der historische Grund für diese Aussagen des Mattäus besteht darin, daß Jesus von den Führenden inmitten

seines eigenen Volkes nicht aufgenommen wurde, aber bei denen Aufnahme fand und findet, die von weit herkamen: den Heiden.
Weiterhin erzählt der Text von der Rettung Jesu durch Flucht und vom Kindermord. Daß um Jesu willen unschuldige Kinder in Betlehem getötet worden sind, läßt sich – trotz des grausamen Charakters des Herodes – nicht belegen. Zwei Gründe dürften Mattäus veranlaßt haben, die Ermordung Unschuldiger zu erwähnen: die Parallele aus der Mose-Erzählung und das in der Nähe Betlehems gelegene Grab der Rahel, einer der Stammütter Israels. Denn ihre Klage über die getöteten und in Gefangenschaft geführten Söhne beim Assyrereinfall 722 v. Chr. zitiert ja Mattäus ausdrücklich. Wenn Mattäus vom Sterben Unschuldiger um der Errettung anderer willen spricht, wird er es kaum getan haben, ohne den Tod des einen Unschuldigen im Blick zu haben, der um des Heiles aller Menschen willen starb: Jesu selbst. Zusammengenommen mit der vorausgehenden Aussage von der Verweigerung der Aufnahme in seinem Volk ergibt sich folgender Sinn: es zeichnet sich in diesen Erzählungen bereits in konzentrierter Form das ab, wovon das ganze Evangelium des Mattäus noch ausführlich künden wird: die Ablehnung des Messias in seinem eigenen Volk, die Tötung des Unschuldigen um der Errettung der Menschen wegen, die bereitwillige Aufnahme des von Jesus vermittelten Heiles durch das aus Juden und Heiden sich bildende neue Gottesvolk.

Benutzte und weiterführende Literatur

Beck, E.: Gottes Sohn kam in die Welt. Kathol. Bibelwerk, Stuttgart 1977

Brosch, H. J., Hasenfuß, J. (Hrsg.): Jungfrauengeburt gestern und heute. Driewer, Essen 1969

Ernst, J.: Das Evangelium nach Lukas. Pustet, Regensburg 1977

Frank, K. S., Kilian, R., Knoch, O., Lattke, G., Rahner, K.: Zum Thema Jungfrauengeburt. Kathol. Bibelwerk, Stuttgart 1970

Kerschensteiner, J.: Die Kindheitsgeschichte bei Mattäus und Lukas. Don Bosco, München 1971

Knörzer, W.: Wir haben seinen Stern gesehen. Kathol. Bibelwerk, Stuttgart, 2. Aufl. 1968

Lang, K.: Die Weihnachtstexte in der Bibelkatechese. Herder, Freiburg/Basel/Wien 1967
Laurentin, R.: Struktur und Theologie der lukanischen Kindheitsgeschichte. Kathol. Bibelwerk, Stuttgart 1967
Nellessen, E.: Das Kind und seine Mutter. Kathol. Bibelwerk, Stuttgart 1969
Schnackenburg, R.: Die Geburt Christi – ohne Mythos und Legende. Matthias Grünewald, Mainz 1969
Schneider, G.: Das Lukasevangelium. Mohn, Gütersloh, Echter, Würzburg 1977
Schürmann, H.: Das Lukasevangelium, I. Teil. Herder, Freiburg/Basel/Wien 1969
Vögtle, A.: Messias und Gottessohn, Patmos, Düsseldorf 1971
Vögtle, A.: Was Weihnachten bedeutet, Herder, Freiburg/Basel/Wien 1977

VII. Jesus der Christus

1. Was haltet ihr von Jesus? – Der theologie-geschichtliche Ort heutigen Fragens nach Jesus

Jesus Christus steht im Kreuzfeuer verschiedener Meinungen. Das ist nichts Neues. Bemerkenswert aber ist, daß heute innerhalb und außerhalb des Christentums mit einer unerhörten Schärfe erneut die Frage aufgebrochen ist: Wer war Jesus und wer ist Christus wirklich? Was bedeutet er für die Menschen unserer Zeit?

Da Jesus Christus Grundlage und Mitte des christlichen Glaubens ist, wirkt sich diese Frage und die Weise ihrer Beantwortung auf alle Bereiche des kirchlichen Lebens und der Verhaltensweisen des einzelnen Christen aus.

Wenn wir als Menschen *unserer* Zeit die Frage nach Jesus Christus stellen, müssen wir uns klar darüber sein, daß unser Fragen theologiegeschichtlich einen ganz bestimmten Ort hat. Näherhin gilt es, drei geschichtliche Epochen mit bestimmten theologischen Forschungsergebnissen zu berücksichtigen:

Die *Aufklärung* trennte zum erstenmal im Laufe der Kirchengeschichte den „historischen Jesus" vom „Christus des Glaubens".

Mit ihr setzte die *liberale Leben-Jesu-Forschung* ein. Sie versuchte, den historischen Jesus von der „Übermalung" durch den christlichen Glauben und das kirchliche Dogma zu befreien. In dieser Forschungsepoche entsteht eine Fülle von Jesusbildern. „Die Rationalisten schildern Jesus als Moralprediger, die Idealisten als Inbegriff der Humanität, die Ästheten preisen ihn als den genialen Künstler der Rede, die Sozialisten als den Armenfreund und sozialen Reformer, und die ungezählten Pseudowissenschaftler machen aus ihm eine Romanfigur" (Jeremias). Diese Epoche fand ihren Abschluß zu Beginn unseres Jahrhunderts durch die Entdeckung des endzeitlichen Charakters der Botschaft Jesu und durch die Konsequenzen, die sich aus der Berücksichtigung der Formungsprozesse der neutestamentlichen Texte ergaben. Die „konsequente Eschatologie" Albert Schweizers und die „Formgeschichte" von

Martin Dibelius und Rudolf Bultmann brachten die Wende. Seitdem weiß man: Es ist unmöglich, ein Leben Jesu zu rekonstruieren, weil man nur durch die Botschaft der nachösterlichen Glaubenszeugnisse zum historischen Jesus und dem Christus des Glaubens gelangen kann.
Die *neue Frage nach dem historischen Jesus* brach seit 1953 durch die Bultmann-Schüler Käsemann, Ebeling, Bornkamm, Fuchs, Conzelmann und durch katholische Forschungsbeiträge von Schürmann, Schnackenburg und Vögtle auf. Sie teilt mit der liberalen Theologie die Auffassung, daß die Historie Jesu für Theologie und Glauben entscheidende Bedeutung hat. Zugleich ist sie sich aber der Besonderheit der neutestamentlichen Quellen bewußt, die durch formgeschichtliche, überlieferungsgeschichtliche und redaktionsgeschichtliche Erforschung der Texte zutage getreten ist. Weder handelt es sich heutzutage um eine unveränderte Neuauflage des Bemühens, den historischen Jesus als reines Distillat aus den Glaubenszeugnissen des Urchristentums herauszulösen, noch darum, daß etwa angesichts der Quellenlage Resignation und Skepsis gegenüber Jesus das letzte Wort behalten.

2. Jesus, der Mann aus Nazaret – Jesus der Christus

Das Bekenntnis zu Jesus Christus ist aus einem doppelten Erfahrungsbereich erwachsen: aus Erfahrungen, die Menschen mit dem irdischen, geschichtlichen Jesus von Nazaret gemacht haben und aus Erfahrungen, die Menschen nach seinem gewaltsamen Tod noch mit ihm machten. Beide Erfahrungsweisen haben ihren Niederschlag in den Schriften des Neuen Testaments gefunden.

Konturen des geschichtlichen Lebens Jesu

Aus dem Neuen Testament lassen sich folgende Konturen der Person und Wirksamkeit Jesu erheben, die den christlichen Glauben an ihn begründet haben: Jesus wurde in den letzten Jahren der Regierungszeit Herodes des Großen geboren. Die Familie wohnte in Nazaret, wo Jesus auch aufwuchs. Im Mannesalter hatte er Kontakt zu dem Kreis um Johannes den Täufer. Von ihm empfing er selbst die Taufe. Als etwa Dreißigjähriger trat er mit einer eigenen Botschaft in Galiläa auf. Er rief zur Umkehr angesichts der nahe herbeigekommenen Herrschaft Gottes. Die Haltung der Umkehr sah er vor allem in gegenseitiger Vergebung, in Gottes- und Nächstenliebe. Daß sich Gottes Heilsherrschaft bereits zu verwirklichen begann, machte er deutlich durch Heilungen und „Dämonenbannungen“. Er berief einen Jüngerkreis, der an Jesu Wirken teilnehmen sollte und den Grundstock der Kirche bildete. Jesu Botschaft und Verhalten führten zu unvermeidlichen Auseinandersetzungen mit der religiösen Führungsschicht. Sie sah Glauben und Sitte durch ihn gefährdet. Die Ablehnung wuchs und nahm eine solche Schärfe an, daß man ihn schließlich mit Hilfe der römischen Besatzungsmacht verurteilen und kreuzigen ließ. In der letzten Phase seines Lebens erkannte Jesus, wohin ihn sein Weg führen würde. Dennoch blieb er konsequent und änderte seine Richtung nicht. Im Bewußtsein des nahen Todes feierte er mit der kleinen Schar der noch verbliebenen Freunde in Jerusalem ein Abschiedsmahl. Dabei prägten sich dem Kreis der Mitfeiernden besonders ein: die deutenden Gesten und Worte Jesu über Brot und Wein sowie der Ausdruck tiefen Vertrauens auf Gott.

Besonderheit des Lebens und Sterbens Jesu

Freilich liegt darin noch nicht die Besonderheit Jesu, daß er sich dem Täuferkreis anschloß, eine Botschaft verkündete, Jünger um sich sammelte und für seine Überzeugung in den Tod ging. Dies alles ließe sich auch bei anderen Menschen nachweisen. – Um die Besonderheit seines Lebens und Sterbens zu erfassen, müssen wir den *Inhalt* seiner Botschaft und die *Eigenart seines Verhaltens* genauer betrachten. Bereits im 1. Kapitel haben wir gesehen, daß das Besondere der Verkündigung und Wirksamkeit Jesu die Botschaft vom Reich Gottes war und die Weise, wie er diese Botschaft den Menschen auslegte. Dazu kommt, daß Jesus mit einer erstaunlichen Sicherheit und ohne Berufung auf irgendwelche menschlichen Autoritäten seine Auffassung vortrug. Der Grund für eine derart unkonventionelle Einstellung und Haltung, verbunden mit einer bemerkenswerten Freiheit und Gelöstheit, lag in dem unmittelbaren Verhältnis, in dem Jesus zu Gott stand. Zu dieser Annahme werden wir dadurch geführt, daß der geschichtliche Jesus Gott in einer sehr vertraulichen und sonst in seiner Umwelt nirgendwo belegten Weise anzureden pflegte, nämlich mit der Anrede „Abba". Sie bedeutete soviel wie „lieber Vater", ja sogar „Papa". Darin drückt sich, geschichtlich belegt, das besondere Vertrauensverhältnis des Menschen Jesus zum Vatergott aus, und darin liegt wohl der tiefste Grund seiner Sicherheit, Gelassenheit und Geborgenheit. Auch in dem auf Jesus zurückgehenden Wort „Alles ist mir von meinem Vater übergeben worden; niemand kennt den Sohn, nur der Vater und niemand kennt den Vater, nur der Sohn und der, dem es der Sohn offenbaren will" (Mt 11, 27 par Lk 10, 22) kommt das ganz einmalige, wechselseitige tiefe Vertrauensverhältnis zur Sprache.

Die Folgen seines freimütigen Verhaltens, seines Eintretens zugunsten der „Hoffnungslosen" und seines Einsatzes für die Befreiung des Menschen zur Liebe waren Gegnerschaft der führenden Kreise und schließlich der gewaltsame Tod. Jesus wich ihm nicht aus. So wie er gelebt hatte, nahm er auch den Tod auf sich: in Treue zu seinem Auftrag und in selbstlosem Einsatz für andere. Das drückt sich besonders deutlich in der Überlieferung vom Abendmahl aus: Zusammen mit der Darreichung von Brot und Wein als Zeichen seiner selbst deutet er seinen Tod als Hingabe für die Vielen, und er ist überzeugt, daß auch diese Hingabe dem Kommen der Gottesherrschaft diene. Leben und Sterben „für andere" lassen sich in dieser „Reinform" bei keinem zweiten Menschen nachweisen. Selbst ein Sokrates ließ bei seinem Sterben noch dem Asklepios einen Hahn opfern. Er war zwar ein großer Mensch, der die Wahrheit aufrichtig gesucht hatte und bereitwillig für sie starb. Aber er hatte doch auch Situationen in seinem Leben zu beklagen, wo er aus ungeordnetem Ich-Trieb sich in die doppelte Isolation begeben hatte, die wir Sünde nennen: in die Isolation von Gott und dem Mitmenschen. Jesu Leben dagegen hat einen solchen Eindruck hinterlassen, daß die ersten

Christen von ihm zu sagen wagten: Er ist zwar wie wir in allem versucht worden, aber er hat nicht gesündigt.

An Jesu Tod ist aber noch eine Besonderheit abzulesen: Der Tod war nicht die letzte Station. In der Auferweckung Jesu hat sich Gott zu diesem Jesus, seinem Leben und Verhalten bekannt. Er hat ihn und sein Tun, nämlich seinen selbstlosen, lauteren Einsatz „für andere" zum Maß für alle Menschen gemacht. Seitdem Jesus von Nazaret lebte, ist nicht nur deutlicher erkennbar geworden, was Menschsein heißt, worin ein menschenwürdiges Leben besteht und wozu der Mensch in seiner Vollendungsgestalt berufen ist, sondern es ist all dies endgültig bereits verwirklicht worden: Jesus ist somit der „menschlichste der Menschen, die Erfüllung des Humanen" überhaupt (Ratzinger).

Das Besondere an ihm waren nicht die sinnenhaft wahrnehmbaren außerordentlichen Ereignisse, sondern die Tatsache, daß in ihm *Gott* in einer einmalig intensiven Weise gegenwärtig und erfahrbar war. Er ist der „göttliche" Mensch. Nicht im mythischen Sinn heidnischer Antike. Wohl aber in dem Sinn, daß radikal gelebtes „Dasein für andere" nur von Gott her möglich wird; denn die Liebe ist aus Gott, „und jeder, der liebt, stammt von Gott und erkennt Gott; . . . denn Gott ist Liebe", heißt es im 1. Johannesbrief.

Soll aber eine derartige Skizzierung nicht zu abstrakter Formel erstarren, müssen wir uns stets vom Neuen Testament her die konkreten Verhaltensweisen Jesu vergegenwärtigen. Wir müssen dabei nach-denkend den Weg gehen, den die ersten Christen auch gingen, indem sie immer wieder neu von der Frage bewegt wurden: „Wer ist dieser?" und : Was bedeutet er für die Menschen? Der große Eindruck, den sein Leben hinterlassen hatte, und die Begegnungen mit dem Auferstandenen führten immer deutlicher zu der Erkenntnis: in ihm ist Gott selbst den Menschen nahegekommen, in ihm hat er sich selbst ganz mitgeteilt, oder wie es der Verfasser des Kolosserbriefs formuliert: „in ihm wohnt leibhaftig die ganze Fülle der Gottheit" (2,9).

Die Aussageweisen der Urkirche

Die auf der doppelten Erfahrungsbasis beruhende Überzeugung von der einmaligen und endgültigen Offenbarung und Heilszuwendung Gottes durch Jesus und somit auch vom einzigartigen „Wesen“ seiner selbst und der Bedeutsamkeit Jesu für die Menschen hat im Urchristentum verschiedene Ausdrucksweisen und schließlich in den neutestamentlichen Schriften verschiedenartigen Niederschlag gefunden. Besonders wichtig ist, daß wir beim Bemühen, die Bedeutsamkeit Jesu nach den Zeugnissen der Schrift zu erfassen, nicht nur einseitig und isoliert die Würdebezeichnungen und Hoheitstitel, wie etwa „Messias“, „Gottes Sohn“ beachten. So bedeutsam sie sind, stellen sie doch nur die formelhaft kurze Zusammenfassung von begründeten Überzeugungen dar, die auf der bereits skizzierten viel breiteren Ebene von Erfahrungen mit dem vor- und nachösterlichen Jesus grundgelegt sind.

Wer nur auf die Titel fixiert ist und meint, in ihnen allein Wesen und Bedeutsamkeit Jesu fassen zu können, erliegt der Gefahr, sie „überzeitlich“ aber dementsprechend auch ungeschichtlich zu abstrahieren. Das führt notwendigerweise und erfahrungsgemäß zur Erstarrung des Jesusbildes und des Christusglaubens.

Die neutestamentliche Christologie erschöpft sich nicht in der Darstellung der Titel, die man Jesus beigelegt hat und in der Frage, ob sie ihre Berechtigung haben. Sondern es gehört die Erfassung des breiten Erfahrungsbereiches hinzu, aus dem die Titulaturen als Artikulationsversuche und bedingt durch den entsprechenden sozio-kulturellen Raum erwachsen sind. Außer der sogenannten „expliziten“ oder auch „direkten“ Christologie sind sehr wohl die „indirekte Christologie“ und die „Funktionsaussagen“ über Jesus im Neuen Testament zu beachten.

Zur indirekten Christologie gehören etwa der unerhörte Anspruch, mit dem die Evangelien das Auftreten Jesu schildern. Mindestens in den drei ersten Evangelien erscheint dieser Anspruch Jesu oft ohne Bindung an bestimmte Hoheitstitel. Er wird vielmehr in erzählender und umschreibender Form dargestellt. Beispiele: Jesus redet wie einer, der Vollmacht

hat, nicht wie die Schriftgelehrten und Pharisäer (Mk 1,22). – Er maßt sich an, Sünden zu vergeben, was Gott allein vorbehalten ist (Mk 2,1–10). – Er setzt sich über die geltenden Sabbatvorschriften hinweg, heilt am Sabbat und macht so deutlich, daß und wie der Sabbat um Gottes und der Menschen willen heilig zu halten ist, was ihm freilich nach Mk 3,6 den ersten Todesbeschluß der Gegner einbringt. – Er setzt sich in eigenmächtiger Auslegung des Gotteswillens über Mose und die Tora in den Antithesen der Bergpredigt (Mt 5,20–48) und über die fromme Überlieferung, indem er die der Speisevorschriften auf den Kopf stellt: „nicht, was in den Menschen eingeht, verunreinigt ihn, sondern was aus seinem Herzen kommt" (Mk 7,16).
Die Evangelien machen von ihm Aussagen, die man in den Überlieferungen Israels vorher nur von Jahwe auszusagen wagte: Er kommt über das Wasser, um an den Jüngern vorüberzugehen; im Alten Testament ist es Jahwe allein, von dem man das Schreiten über die Wasser bekennt und der seine Nähe im „Vorübergehen" erfahren läßt. – Jesus schenkt Wein und Brot in Fülle, so daß die Menschen satt werden und daß noch übrig bleibt; im Alten Testament handelt Jahwe so durch Mose und die Propheten. – Jesus erweist sich in der Darstellung der Evangelien als Herr über Krankheit und Tod, über die lebenbedrohenden Mächte, denen nach alttestamentlichem Glauben Jahwe allein gewachsen ist. – In den Berufungserzählungen sprechen die Evangelien Jesus eine Souveränität und einen Absolutheitsanspruch auf Menschen zu, wie er nur Gott zukommt. – Ohne daß in diesen und ähnlichen Texten Hoheitstitel von Jesus oder für Jesus in Anspruch genommen werden, wird doch Höchstes von ihm ausgesagt.

Ähnlich verhält es sich mit der sogenannten *funktionalen* Christologie. Sie macht auf Funktionen aufmerksam, von denen der Glaube der Urkirche bekennt, daß Jesus sie im Auftrag und in der Vollmacht Gottes ausübt: etwa daß er die Menschen zu erlösen und aus allen Zwängen freizumachen vermag, daß er als Auferstandener und Erhöhter den Heiligen Geist sendet und seiner Kirche bewahrt, daß er zum Heil und Gericht der Menschen und zur Vollendung der Welt kommen

wird. Funktional bleibt aber auch im Neuen Testament die *„explizite" oder „direkte" Christologie*.
Denn das will beachtet sein: Wo immer zur Verdeutlichung des Wesens und der Sendung Jesu bestimmte Hoheitstitel verwendet werden, geht es nie um eine statische Aussage über das Wesen Jesu „an sich", sondern immer um das Heil, das Gott durch Jesus für die Menschen wirkt. Alle Hoheitstitel sind funktionsbezogen. Wenden wir uns nun den wichtigsten von ihnen zu. Da sie alle schon eine Vorgeschichte hatten, bevor sie auf Jesus angewandt wurden, wollen wir jeweils kurz ihre Herkunft und Bedeutung aufweisen sowie das Überlieferungs- und Reflexionsstadium, innerhalb dessen sie über Jesus ausgesagt wurden und ihren christologischen Aussagesinn. Dem *ältesten* Stadium der neutestamentlichen Christologie, nämlich der Phase vor Abfassung der Paulusbriefe um 50 v. Chr., gehören unter anderem bereits die Titel Christus, Herr, Menschensohn, Sohn Gottes an.

3. Hoheitstitel

Christus

Die Erwartung einer endzeitlichen Heilbringergestalt, eines „Gesalbten des Herrn" stammt aus dem Alten Testament und dem vorchristlichen Judentum. Die Vorstellungen darüber, wie diese Gestalt beschaffen sein würde, gehen aber in den Quellen des Judentums sehr weit auseinander. Einigkeit besteht lediglich darüber, daß der Messias nicht etwa ein göttliches Wesen ist. Auch fehlt im vorchristlichen Judentum die Vorstellung von einem Messias, der leiden, sterben und auferstehen wird. Er ist vielmehr der von Jahwe eingesetzte König der Endzeit, der ein Friedensreich heraufführt, bevor Jahwe seine allumfassende Herrschaft antreten wird. Die Messiaserwartung prägt sich vor allem in zwei Richtungen aus: Die eine Richtung erwartet mehr den Messias als Sohn Davids; er wird als Krieger, politischer Führer und schließlich – nach Vernichtung aller Feinde – als Friedensfürst in Erscheinung treten. Die andere Richtung erwartet den Messias als Sohn Aarons;

er wird als Priester die Versöhnung aller mit Gott bewirken, den Tempelkult aufblühen lassen und den Vorsitz beim endzeitlichen Mahl innehaben. Die Gemeinde von Qumran am Toten Meer erwartete beide Messiasse.

Die messianische Erwartung zur Zeit Jesu war in Palästina sehr stark. Jesus selbst hat wahrscheinlich den Messiastitel nie beansprucht, um Mißverständnisse zu vermeiden. Er wurde aber unter dem Vorwand, er habe sich als „König der Juden" ausgegeben, von den jüdischen Führern an die römische Justiz ausgeliefert und von ihr als staatsgefährlicher Aufrührer und Konkurrent des Kaisers hingerichtet, wie die Kreuzesinschrift zeigt. Messianische Hoffnungen, die die Jünger an ihn geknüpft hatten, zerbrachen. Die Hoffnung lebte aber wieder auf, sobald sie Jesus als den Auferstandenen und Erhöhten erfuhren. Indem sie aber aufgrund dieser Erfahrungen berechtigterweise den Messiastitel auf Jesus anwandten und ihn als den Messias zu verkünden begannen, geschah noch etwas sehr Entscheidendes: Die Übertragung des Messiastitels auf Jesus bezeichnete nicht nur ausdrücklich, wer er sei, vielmehr und vor allem wurde durch diese Anwendung ein *neues Messiasverständnis* geprägt und der Messiastitel mit Inhalten gefüllt, die er vorher nicht hatte, die sich aber von der Geschichte und dem Verhalten Jesu her ergaben. Erst jetzt konnte man z. B. sagen: „Mußte der Messias nicht leiden und eingehen in seine Herrlichkeit?" (Lk 24,26). Gerade der Messiastitel war geeignet zur Christusverkündigung im jüdischen Raum. Es war durchaus berechtigt, aufgrund der Erfahrungen mit dem irdischen und erhöhten Jesus, die höchsten Erwartungen an ihn zu knüpfen und ihn als den Messias zu verkünden, unabhängig davon, ob er *selbst* den *Titel* für sich beansprucht hat. Das gleiche gilt für alle anderen Titel.

An der Bezeichnung Jesu als Messias, als Christus, sind noch zwei Beobachtungen bemerkenswert.

Erstens: Der uns geläufige Doppelname Jesus Christus stellt ursprünglich einen Bekenntnissatz, dar: Jesus ist der Christus, der Messias. Vielleicht war er überhaupt das älteste Glaubensbekenntnis. Erst allmählich wurde aus der titularen Verwendung ein Eigenname. Ähnliches läßt sich etwa beim Titel Caesar Augustus beobachten.

Zweitens: Aufgrund der Bezeichnung Jesu als des Christus haben nach Apg 11,26 auch die an Jesus Glaubenden die Bezeichnung christianoi = Christen erhalten, und zwar erstmals in Antiochien.

Herr

Wieweit die nachösterliche Bezeichnung Jesu als des „Herrn" sich von der Bezeichnung Gottes im griechischen Alten Testament, der Septuaginta, und aus der Anrede gegenüber dem irdischen Jesus herleitet, ist in der Forschung umstritten. Allgemein anerkannt ist jedoch, daß bereits die aramäisch sprechende Urgemeinde Jerusalems Jesus, den Auferstandenen, als Herrn anrief. 1 Kor 16,22 ist der aramäische Gebetsruf noch erhalten: maranatha. Er drückt die Bitte aus, daß der in der eucharistischen Mahlfeier gegenwärtige Herr bald zur Heilsvollendung kommen möge. –
Übereinstimmung besteht auch darin, daß Ps 110,1 zur Entfaltung der Herrenbezeichnung Jesu und der Erhöhungschristologie einen großen Einfluß ausgeübt hat: „Es spricht der Herr zu meinem Herrn: Setze dich zu meiner Rechten . . ."
Ps 110 ist der im Neuen Testament meistzitierte Psalm. Seine Anwendung auf Jesus macht deutlich, daß die Auferstehung verstanden wurde als Erhöhung zu Gott und als Eingesetztwerden in universale Herrschaft. Das, was Lukas später mit dem Bild der sichtbaren Himmelfahrt Jesu ausdrückt, gehört seinem Wesen nach zum ältesten Bekenntnis der Urkirche.
Der in der ersten Hälfte unseres Jahrhunderts stark strapazierten religionsgeschichtlichen Herleitung des Herren-Titels aus hellenistischen Mysterienkulten des Attis, Serapis und der Isis steht heute die Forschung sehr skeptisch gegenüber. Für das älteste uns erhaltene Christuslied, das zudem das Herrentum Jesu ausdrücklich zur Sprache bringt, ist sowohl alttestamentlicher wie auch hellenistischer Hintergrund anzunehmen. Das Lied aus Phil 2,6–11 besingt in seinem ersten Teil Jesu Entäußerung und geschichtliche Existenz bis zum Tod am Kreuz, und dann heißt es im zweiten Teil: „darum hat Gott ihn auch erhöht und ihm einen Namen gegeben über alle Namen, damit im Namen Jesu sich beuge jedes Knie im Himmel, auf Erden

und unter der Erde und jede Zunge bekenne: Herr ist Jesus Christus zur Ehre Gottes des Vaters". Dieser Teil des Textes basiert auf Jes 45, 22–24, wo Gott sagt: „. . . Jedes Knie wird sich beugen vor mir, jede Zunge mir huldigen. Nur im Herrn, wird man sagen, ist Heil mir und Kraft". Die Herrschaftsstellung Jesu ist aber hier in einer Weise ausgedrückt, die eher der hellenistischen Mythologie als alttestamentlichen Vorstellungen entspricht. Aus beiden Denkhorizonten ist das Lied erwachsen.

Menschensohn

Der Menschensohntitel stammt aus der frühjüdischen Apokalyptik des 2. Jahrhunderts v. Chr. Der Visionär des *Danielbuches* schreibt: „Ich schaute in den Nachtgesichten, und siehe, mit den Wolken des Himmels kam einer, der einem Menschensohn glich, und gelangte bis zu dem Hochbetagten, und er wurde vor ihn geführt. Ihm wurde Macht verliehen und Ehre und Reich, daß die Völker aller Nationen und Zungen ihm dienten. Seine Macht ist eine ewige Macht, . . . und sein Reich wird nie zerstört" (7,13f). Während die eigenartige Symbolgestalt Menschensohn hier als überirdisches Wesen gedacht ist, das auf den Wolken daherkommt, zu Gott gelangt und für ewig Macht und Reich empfängt, trägt es in anderen apokalyptischen Schriften, die aber nicht mehr zur Bibel gehören, noch andere Züge: Das *äthiopische Henochbuch* beschreibt ihn als vorweltlich erschaffene Gestalt, die bis zum Tag des Gerichts verborgen bleibt, dann aber an die Seite Gottes erhöht wird. Von dorther wird der Menschensohn die Ungerechten vernichten, mit den Gerechten aber Mahl halten und sie mit dem Gewand der Gerechtigkeit bekleiden. Am befremdlichsten wirkt, daß Henoch, der Seher selbst, an einer Stelle des Buches mit dem Menschensohn gleichgesetzt wird (71,14). – Nach den Aussagen im *Vierten Buch Esra* steigt aus dem Meer ein Wesen wie ein Mensch auf und fliegt auf Wolken fort. Die ganze Welt gerät vor ihm ins Wanken. Es gilt als Wesen, das von Gott aufbewahrt ist, um Erlösung und Ordnung zu schaffen und wird sogar als Gottes Sohn bezeichnet

(13,32). In der *neutestamentlichen* Überlieferung fällt auf, daß der Menschensohntitel innerhalb der Evangelien ausschließlich in Worten Jesu vorkommt und in der gesamten Briefliteratur fehlt. Man hat in diesem Befund oft ein Kriterium dafür gesehen, daß Jesus selbst diesen Hoheitstitel – vielleicht als einzigen von allen – verwendet habe. Aber selbst wenn dies zuträfe, bleibt zu beachten, daß sich Jesus selbst nie ausdrücklich mit dem Menschensohn identifiziert. Immer spricht er nur von ihm in der dritten Person, so z. B. in dem vielleicht ältesten Menschensohnwort Lk12,8: „Ich sage euch: Jeder, der sich zu mir vor den Menschen bekennt, zu dem wird sich auch der Menschensohn bekennen vor den Engeln Gottes". Die Beziehung zu Jesus ist eng, aber es ist keine formelle Identität. Der Spruch besagt, „daß Jesus den Bekennern, die auf Erden an der Gemeinschaft mit ihm festhalten, verheißt, daß vor Gottes Thron der Menschensohn die Gültigkeit dieser Gemeinschaft anerkennen wird" (Tödt).
Unabhängig davon, wieweit Jesus selbst den Menschensohntitel verwendete, ist es verständlich, daß urchristliche Kreise, denen die Vorstellung vom Menschensohn von den apokalyptischen Texten her vertraut war und ihren Erwartungshorizont bestimmte, diesen Titel auf Jesus übertrugen und von ihm, den sie ja als den zu Gott Erhöhten glaubten, die Funktionen erwarteten, die die Apokalyptik dem Menschensohn zuschrieb: Erlösung, Ankunft zu Gericht und Heil, Errichtung von Herrschaft und Reich mit ewigem Bestand, vollendete Lebensgemeinschaft mit ihm. Bei aller Gebundenheit an die apokalyptischen Vorlagen fehlen im Neuen Testament indes die mythisch-phantastischen Ausgestaltungen fast ganz. In der Anwendung der Vorstellungen auf Jesus ist eine Entmythologisierung geschehen.

Sohn Gottes

Jesus war nicht der erste und einzige, der als Sohn Gottes bezeichnet wurde. Bereits im 3. Jahrtausend v. Chr. galten die ägyptischen Könige – ähnlich wie später die römischen Kaiser – als Söhne Gottes. Man glaubte, es eigne ihnen von Geburt an göttliches Wesen und göttliche Würde. Doch wäre es verfehlt, anzunehmen, die ersten Christen hätten diese Vorstellung einfach auf Jesus übertragen. Die älteste literarisch erreichbare Gestalt des Bekenntnisses zu Jesus als Gottes Sohn entstand nicht im antiken Heidentum, sondern im Christentum Palästinas. Sie ist am Anfang des Römerbriefs noch erhalten und lautet: „Jesus Christus entstammte als Mensch dem Geschlecht Davids; kraft heiligen Geistes ist er eingesetzt zum Sohne Gottes in Macht aus seiner Auferstehung".

Der erste Teil des Satzes spricht vom irdischen Leben Jesu. Er entstammte dem Geschlechte Davids. Damit ist Jesus als Messiasanwärter gekennzeichnet. Der zweite Teil spricht von ihm als dem Sohne Gottes in Macht. An dieser Aussage sind zwei Momente bemerkenswert:

Erstens: Sie ist vom Königszeremoniell der jüdischen Könige her geprägt. Dieser Krönungsritus hat im Ps 2 bereits seinen klassischen Ausdruck gefunden. In diesem Psalm spricht Jahwe zum König: „Mein Sohn bist du, heute habe ich dich gezeugt". Der Thronanwärter wird im Rechtsakt der Inthronisation als Sohn Gottes erklärt. Er gilt damit als der von Gott Erwählte. Dementsprechend ist in der von Paulus aufgenommenen Formel das Verständnis der Gottessohnschaft Jesu bestimmt: Es geht ihr noch nicht um eine Wesensgleichheit zwischen Jesus und Gott; auch nicht um eine Abstammung Jesu von Gott im Sinne einer Zeugung, wie man sie sich in der vorhin erwähnten ägyptischen Königsmythologie dachte, sondern um seine Einsetzung zum Messias.

Zweitens: Die Einsetzung zum Sohne Gottes in Macht ist in der Auferstehung Jesu geschehen. Wie der judäische König im Rechtsakt der Inthronisation zum Sohne Gottes erklärt wurde, so gilt nun Jesus in seine Hoheitsstellung eingesetzt durch die Auferstehung. Die alte, vorpaulinische Formel enthält noch nicht den Gedanken an das vorweltliche Sein des Gottessohnes, und auch nicht an sein Kommen in Herrlichkeit. Beide Gesichtspunkte waren mit dem Sohn-Gottes-Verständnis der palästinensischen Gemeinden, aus denen dieses Bekenntnis erwuchs, noch nicht verbunden. *Paulus selbst* verstand aber bereits Jesus als den in die Welt gesandten und zur Weltvollendung berufenen Gottessohn, wie aus anderen Stellen seiner Briefe hervorgeht. Zu dieser umfassenden Sicht, die über das

Bekenntnis der judenchristlichen Gemeinden hinausging, war Paulus zusammen mit *den* urchristlichen Kreisen gekommen, die aus dem hellenistischen Judentum erwachsen waren. In diesen Kreisen war die sogenannte „Weisheitstheologie" lebendig. Sie fußte auf den Aussagen der alttestamentlichen Weisheitsbücher, die von der „personhaften" Weisheit Gottes folgendes Bild zeichnen: Sie ist vor aller Welt von Gott geschaffen, Abbild seines Lichtes und Abbild seiner Güte. Beim weiteren Schöpfungswerk war sie zugegen als Beraterin und sogar als Mitschöpferin. Durch ihr hohes Alter ist ihre Autorität ausgewiesen, mit der sie nun als Lehrmeisterin, Offenbarerin und prophetische Verkünderin vor die Menschen tritt und auf Straßen und Plätzen predigt. Heil wird dem zuteil, der auf sie hört und ihre Botschaft annimmt. Unheil aber trifft den, der sie verachtet. Wo man sie nicht aufnimmt, verbirgt sie sich und zieht sich zurück. Lange suchend durchzieht sie den Himmel, den Kosmos, die Welt und die Völker, bis sie endlich in Israel einen Ruheplatz findet und als das heilige Gesetz (= Tora) inmitten dieses Volkes wohnen bleibt.

Die Herkunft dieser eigenartigen Vorstellungen liegt im Bereich der Mythologie orientalischer Weisheitsgöttinnen. Aber wichtig ist, daß die Weisheisspekulation des Alten Testaments, vermittelt durch das Frühjudentum, einen großen Einfluß auf die Entstehung der Präexistenzchristologie ausgeübt hat. Sie wird zum erstenmal literarisch greifbar in den sogenannten Sendungsformeln, z. B. Gal 4,4 f.:

„Als aber die Zeit erfüllt war, sandte Gott seinen Sohn, geboren von einer Frau, und dem Gesetz unterstellt, damit er die freikaufe, die unter dem Gesetz stehen, und damit wir das Recht der Sohnschaft erlangten".

Ähnliche Aussagen begegnen Röm 8,3 f.; Joh 3,16 f. und 1 Joh 4,9. Präexistenz und Sendung des Sohnes sind in diesen Formeln in Anlehnung an die jüdisch-hellenistischen Vorstellungen der präexistenten und in die Welt gesandten Weisheit zur Sprache gebracht, wie sie etwa bei Philon von Alexandrien begegnen, wo „Weisheit", „Logos" und „Sohn Gottes" nahe aneinander gerückt erscheinen.

Die theologische Bedeutsamkeit der „Sendungsformeln" liegt vor allem in zwei Momenten: durch die Präexistenz des in die

Welt gesandten Gottessohnes wird Christus deutlich unterschieden von anderen Gottes-Gesandten, etwa den alttestamentlichen Propheten. Jesus unterscheidet sich von ihnen nicht dadurch, daß er nicht wie sie ein wirklicher Mensch gewesen wäre. Der Unterschied besteht vielmehr darin, daß in ihm Gott in einer sonst nie dagewesenen Intensität und in einer nicht mehr umkehrbaren und zu überbietenden End-Gültigkeit zum Heil aller Menschen gehandelt hat.

Das Weitere, das in den „Sendungsformeln" Beachtung verdient, ist die Tatsache, daß sie nicht eine Spekulation über das vorweltliche Sein des Gottessohnes „an sich" vortragen. Sie enthalten auffallenderweise alle ausdrücklich den Gedanken: „Gott sandte seinen Sohn, *damit* . . ."

Die Zielangabe besteht dann jeweils in der Aussage, daß der Mensch gerettet werde. Es zeigt sich daran, daß das Bekenntnis zum präexistenten und gesandten Gottessohn ebenfalls ein Versuch ist, die Heilsbedeutsamkeit des geschichtlichen Lebens, Wirkens, Sterbens und des Auferstehens Jesu Christi auszulegen und zur Sprache zu bringen. Die Rede von der Präexistenz und Sendung des Sohnes ist nicht Selbstzweck, sondern dient dem Christusbekenntnis und der Heilsverkündigung. In ihrer Form und in ihrem Ansatz unterscheidet sie sich von dem jüdisch-messianischen Modell dadurch, daß sie die Einmaligkeit und Bedeutung Jesu durch die Kategorie des „Woher" – nämlich *von* Gott – ausdrückt, während sich das messianische Modell der Kategorie des „Wohin" – nämlich *zu* Gott – bedient. Beide Bekenntnisweisen sind aber letztlich ausgelöst durch den Eindruck, den Jesu Leben hinterließ, und durch die Erfahrung, daß Jesus nicht im Tod geblieben ist. Die Präexistenzchristologie begegnet im Neuen Testament nicht nur in einzelnen Hymnen und Formeln. Sie bildet nicht nur den Hintergrund des Christusbekenntnisses der paulinischen Briefe, sondern sie hat auch den Gesamtrahmen einer ganzen Evangelienschrift geprägt, nämlich den Rahmen des Johannesevangeliums.

Der Sinn aller neutestamentlichen Aussagen über Jesus Christus besteht darin, seine Heilsbedeutung und in diesem Sinn sein „Wesen" auszudrücken. Bei aller Vielfalt der Vorstellungen, die für das neutestamentliche Christuszeugnis in Dienst

genommen wurden, stehen zwei Fixpunkte unverrückbar fest: Jesus war ein wirklicher Mensch, und: In Jesus hat Gott zum Heil für alle Menschen endgültig gehandelt.
Der Eindruck, den Jesu Leben hinterlassen hatte, und die Erfahrung endgültigen Heils durch den Tod und die Auferstehung Jesu führten immer klarer zu der Erkenntnis, daß in ihm Gott selbst den Menschen nahegekommen ist. Die neutestamentlichen Schriftsteller drückten diese Überzeugung in verschiedener Weise aus: angefangen von dem Bekenntnis „Ein einziger ist Mittler zwischen Gott und den Menschen, der Mensch Christus Jesus“ (1 Tim 2) über die Aussagen: „in ihm wohnt die Fülle der Gottheit leibhaftig“ (Kol 2) und: „Das göttliche Wort ist Fleisch geworden“ (Joh 1) bis hin zur letzten Verdeutlichung, „daß Jesus der Sohn Gottes“ (1 Joh 4), ja, „Gott selbst“ ist (2 Petr 1).

4. Gott von Gott und Licht vom Licht

Je mehr die neutestamentliche Christusverkündigung in den von der griechischen Philosophie geprägten Raum vorstieß, um so stärker traten auch die Fragen nach dem *seinsmäßigen* Wesen Christi in den Vordergrund. Es will aber beachtet sein, daß es auch in diesen ersten Jahrhunderten kirchlicher Lehrentwicklung nicht in erster Linie um philosophisch-spekulative Fragen und Antworten ging, sondern vor allem um die Wahrung der christlichen Erlösungsbotschaft. Athanasius von Alexandrien machte zu Recht darauf aufmerksam: „Wenn Christus nicht wahrer Gott ist, dann sind wir auch nicht erlöst; denn nur der unsterbliche Gott kann uns in unserer Todesverfallenheit erlösen und uns Anteil an seiner Lebensfülle geben“ (zitiert bei Kasper). Die hier mit den Denkvoraussetzungen der griechischen Philosophie gestellte Bedingung entspricht dem positiven, aber noch nicht mit dem Instrumentarium dieser Philosophie gemachten heilsgeschichtlich orientierten Bekenntnis des Neuen Testamentes. Das wird sofort deutlich, wenn man bedenkt: Jedes Verhalten und jede Wirkung setzen eine bestimmte Ursache und ein bestimmtes Sein voraus. Das durch Jesus ermöglichte und allen Menschen zugedachte Heil setzt die Gegenwart dessen voraus, der allein totales und universales Heil zu schaffen vermag, nämlich: die Gegenwart Gottes. Das Konzil von Nikaia (325) formuliert deshalb: „Wir glauben ... an den einen Herrn Jesus Christus, den Sohn Gottes, als Einziggeborener gezeugt vom Vater, das heißt aus der Wesenheit des Vaters, Gott von Gott, Licht vom Lichte, wahrer Gott vom wahren Gott, gezeugt, nicht geschaffen, eines Wesens mit dem Vater ... Er ist um unseres Heiles willen herabgestiegen. Er hat Fleisch angenommen und ist Mensch geworden."

In der Formulierung dieses Konzils steckte die Gefahr, Jesus zu einseitig nur als göttliches Wesen zu verstehen. Sie trat auch bald offen zutage im Monophysitismus, der Auffassung, daß Jesus nur von göttlicher Natur sei, ihm aber das wahre Menschsein fehle. Die Auseinandersetzungen um dieses Problem führte auf dem Konzil von Chalkedon (451) zu dem ausdrücklichen Bekenntnis: Jesus Christus ist wahrer Gott und wahrer Mensch in einer Person.

Durch die Aussagen dieser Konzilien ist aber die Frage: Wer ist Christus und was bedeutet er *uns*? noch nicht „erledigt". Sie stellt sich in jeder Generation neu. Einmal deshalb, weil jede Zeit ihre eigenen Denkvoraussetzungen mitbringt, und zum andern, weil man dem Anspruch Christi nur gerecht werden kann, wenn man sich persönlich auf ihn einläßt. Wenn man wissen will, wer Christus ist, aber dem Weg seiner Nachfolge ausweicht, muß man an ihm irre werden und kann höchstens zu dem resignierenden Urteil finden: „Gottes Sohn – welcher Unsinn!" Wer sich aber um die Haltungen bemüht, aus denen Jesus lebte, wird immer mehr ahnen, wer er wirklich ist und was es heißt, daß in Jesus „die Güte und Menschenliebe Gottes" (Tit 3,4) in unserer Welt sichtbar und erfahrbar geworden ist und daß „in ihm allein die ganze Fülle des göttlichen Lebens wohnt" (Kol 2,9). Ist man dessen inne geworden, daß dieses Bekenntnis keine „Leerformel" ist, dann wird es zur Ermutigung, das eigene Leben im Blick auf Jesus Christus zu gestalten und damit auch gesellschaftliche Verantwortung in der Welt von heute wahrzunehmen. Damit dies geschehen kann, ist es nötig, daß wir den Menschen Jesus lebendig vor

Augen haben, der durch sein Reden und Tun, durch seine lautere Gesinnung und Menschenliebe, durch seinen Einsatz für andere bis zur Lebenshingabe, durch den gehorsamen Vollzug des Gotteswillens und durch seine Auferstehung den Anlaß dafür gegeben hat, daß man begründeterweise zu ihm sprechen darf: „Mein Herr und mein Gott“ (Joh 20).

Benutzte und weiterführende Literatur

Blank, J.: Jesus von Nazaret. Herder, Freiburg/Basel/Wien 1972

Courth, F.: Der historische Jesus als Auslegungsnorm des Glaubens? In: Münchener Theologische Zeitschrift 25 (1974) 301–316

Dautzenberg, G.: Christusdogma ohne Basis? Fredebeul und Koenen, Essen 1971

Ernst, J.: Anfänge der Christologie. Kathol. Bibelwerk, Stuttgart 1972

Hahn, F.: Christologische Hoheitstitel. Vandenhoeck und Ruprecht, Göttingen 1966

Gnilka, J.: Jesus Christus nach frühen Zeugnissen des Glaubens. Kösel, München 1970

Kasper, W.: Jesus der Christus. Matthias-Grünewald, Mainz 6. Aufl. 1977

Ratzinger, J.: Einführung in das Christentum. Kösel, München 11. Aufl. 1970

Ristow, H., Matthiae, K. (Hrsg.): Der historische Jesus und der kerygmatische Christus. Evangelische Verlagsanstalt, Berlin, 2. Aufl. 1961

Scheffczyk, L. (Hrsg.): Grundfragen der Christologie heute. Herder, Freiburg/Basel/Wien 1975

Schierse, F. J. (Hrsg.): Jesus von Nazareth. Matthias-Grünewald, Mainz 1972

Schillebeeckx, E.: Jesus. Herder, Freiburg/Basel/Wien, 3. Aufl. 1975

Schneider, G.: Die Frage nach Jesus. Ludgerus, Essen 1971

Weiser, A.: Jesus – Gottes Sohn. Kathol. Bibelwerk, Stuttgart, 3. Aufl. 1975

VIII. Literarische Gattungen

1. Formen sprachlicher Darstellung

In unserem bisherigen Bemühen, die Botschaft neutestamentlicher Texte zu erschließen, spielte immer wieder die Beachtung der Form, in der die jeweilige Aussage zur Sprache gebracht wird, eine besondere Rolle. Wir haben die Sprachform von Gleichnissen und Wundererzählungen kennengelernt. Im Zusammenhang der Ausführungen über die Geburt, Passion und Auferstehung Jesu fiel auf, in welch vielfältiger sprachlicher Form die Botschaft jeweils artikuliert worden ist: z. B. in Erzählungen, Liedern und formelhaften Bekenntnissätzen. Es begegneten uns dabei auch bestimmte, verhältnismäßig festgeprägte literarische Formen wie z. B. das Geburtsankündigungs- und Berufungsschema. Daß sich im Alten wie im Neuen Testament eine große Vielfalt verschiedener sprachlicher Formen findet, ist nicht verwunderlich. Die Texte sind ja der sprachliche Ausdruck der Glaubenserfahrungen verschiedener Menschen und Menschengruppen, die in je unterschiedlichen sozio-kulturellen Verhältnissen lebten. Sie sind zudem in je verschiedenen sozialen Situationen entstanden, etwa in Gottesdienst, Predigt, Gemeindekatechese oder in Auseinandersetzungen mit Gegnern. Dementsprechend haben die Texte auch verschiedene Absichten: z. B. die Belehrung, Ermahnung, meditative Vertiefung des Glaubens, Lobpreis und Dank gegenüber Gott, Abwehr falscher Auffassungen. Die Eigenart jeder sprachlichen Form muß aber sorgfältig beachtet werden, sonst versteht man ihren Inhalt nicht. Das wird sofort deutlich, wenn man sich vergegenwärtigt das Verhältnis von

2. Wahrheit und Sprache

Vergleichen wir einmal die beiden Aussagen miteinander: „Ich bin 1,70 m groß" und: „Ich vertraue dir." Gemeinsam ist beiden Aussagen: ein Mensch teilt über sich selbst etwas mit.

In beiden Fällen vermittelt er eine Erkenntnis, und sofern sie mit der Wirklichkeit übereinstimmt, eine Wahrheit. Aber diese beiden ganz einfachen Aussagen des alltäglichen Sprachgebrauchs unterscheiden sich gewaltig. Nicht nur in ihrem Inhalt. Sie unterscheiden sich, weil sie ganz verschiedenen Bereichen der Erfahrung, des Erkennens und des Sprechens angehören. Die Erkenntnis „Ich bin 1,70 m groß" ist durch Messen der Größe zustandegekommen. In der Aussage wird sie als Inhalt mitgeteilt, der nachprüfbar ist und dessen „objektive" Wahrheit sich feststellen läßt. Es ist zwar eine Aussage über einen Menschen, aber sie könnte gerade so gut einen Gegenstand betreffen. Sie sagt zwar etwas über mich aus, aber doch etwas, das nicht nur mir persönlich eignet, sondern für tausende anderer Menschen ebenfalls gilt. Sie ist von Interesse für jemand, der an meinen „technischen" oder „biologischen" Daten interessiert ist. Das kann der Fall sein beim Besteigen eines Aufzugs, eines Flugzeugs oder bei Forderung bestimmter Leistungen. Kurz: der Satz „Ich bin 1,70 m groß" gehört dem Bereich naturwissenschaftlicher Erkenntnis und Ausdrucksweise an.

Ganz anders verhält es sich mit der Aussage „Ich vertraue dir". Sie wurzelt nicht in einer Erkenntnis, die durch Messen, Zählen, Wiegen gewonnen ist. Ihre Wahrheit ist nicht „objektiv" nachprüfbar. Sie hat vielmehr ihre Wurzel in personalen, zwischenmenschlichen Erfahrungen. Obwohl sie nichts Meßbares, nichts unter naturwissenschaftlichem und technischem Gesichtspunkt Interessantes über mich aussagt, kann sie doch für mich und für einen anderen Menschen von größter Bedeutung sein. Von der in ihr vermittelten Erfahrung und Einsicht kann es abhängen, ob ich mich froh oder gedrückt, glücklich oder unglücklich, geliebt oder einsam fühle, ja: ob ich mein Leben als lebenswert oder sinnlos erachte. Die Aussage „Ich vertraue dir" gehört dem Bereich der personalen Werte an.

Beide Erkenntnis- und Aussagebereiche – der naturwissenschaftliche und der der personalen Werte – haben ihre volle Berechtigung, sind je nach Zusammenhang und Erfordernis notwendig, stehen nicht von vornherein in Konkurrenz zueinander und bilden keinen Widerspruch. Sobald aber die Verschiedenheit der beiden Erkenntnis- und Sprachebenen nicht beachtet wird, kommt es zu unsachgemäßer Konkurrenz und zu unheilvollen Konflikten. Diesem Konfliktfeld gehörte zum großen Teil die bedauerliche Konfrontation zwischen Theologie und Naturwissenschaft, Glauben und Wissen, Kirche und Erkenntnisfortschritt in den letzten 400 Jahren an. In unserem Jahrhundert wächst die Einsicht sowohl der Naturwissenschaft wie der Theologie, daß die Erkenntnisse und Aussagen beider Bereiche zwar den Menschen und seine Welt betreffen, aber unter je verschiedenen Gesichtspunkten. Die Tiefendimension der Wirklichkeit, der Menschen und ihrer Geschichte ist so groß und vielfältig, daß sie nicht durch *eine* Methode und nicht durch *eine* Erkenntnis- und Sprechweise allein erschlossen und ausgesagt werden kann. Damit man einen Text versteht, muß jeweils gefragt werden, *welche Art von Wahrheit* er vermitteln möchte. Die Wahrheit, die ein Polizeibericht über einen Hausbrand mitteilt, ist anderer Art als die Wahrheit, die Friedrich Schiller über die Feuersbrunst im Lied von der Glocke vermittelt. Dort geht es um genaue Angaben des wirklich geschehenen äußeren Verlaufs, der nachprüfbaren Ursachen, des Schadens und der Haftung; hier dagegen spielen die äußeren Einzelheiten keine Rolle, sondern es soll die Bedeutung des Naturelements Feuer für die menschliche Existenz bewußt gemacht und seine bedrohende Gewalt eindrucksstark dargestellt werden.

3. Auslegung als Prozeß

Es bedurfte eines langen, mühsamen Lernprozesses, bis man erkannte: die Bibel ist kein naturwissenschaftliches oder geschichtliches Lehrbuch. Was sie über die Welt und den Menschen sagt, ist nicht mit naturwissenschaftlicher Forschungsmethode gewonnen und will auch nicht als naturwissenschaftliche oder rein historische Information verstanden sein.

Die Verfasser der Bibel kannten noch nicht das Weltbild unserer modernen Naturwissenschaft. Für sie war die Erde eine Scheibe. Sie schwamm auf dem Wasser. Über ihr wölbte sich der Himmel wie eine Glocke. An ihm waren wie auf Schalen die Gestirne befestigt. Die Sonne bewegte sich über dieser

Scheibe. Den Wohnsitz Gottes dachte man sich oben, das Reich des Todes drunten in der Tiefe. Wenn es regnete, meinte man, Tore am Himmelsgewölbe würden geöffnet und von außen her ströme das Wasser herein. Dieses antike Weltbild finden wir vom ersten Buch der Bibel, der Urgeschichte, bis zum letzten, der Apokalypse. Aber nicht um diese Sicht der Welt geht es in der Bibel. Dies ist nicht ihre unvergängliche Botschaft.

Daß man sich kirchlicherseits lange dieser Einsicht widersetzte, hatte freilich verständliche Gründe: das zu Beginn der Neuzeit aufkommende Weltverständnis, nach dem sich nicht die Sonne um die Erde, sondern die Erde um die Sonne dreht, schien 1. der Sinneserfahrung zu widersprechen; 2. war das naturwissenschaftliche Beweisverfahren selbst nicht von vornherein überzeugend; 3. fürchtete man, die Irrtumslosigkeit der Heiligen Schrift würde dadurch beeinträchtigt. Martin Luther polemisiert in diesem Sinn gegen einen Sternforscher, der die ganze Himmelskunde umstürzen will: „Und wenn er sie gleich auf den Kopf stellte, so will ich doch der Heiligen Schrift glauben; denn Josua befahl der Sonne stillzustehen und nicht der Erde." Auch der Inquisitionsprozeß der Kirche gegen Galileo Galilei erklärt sich aus dem gleichen Grundverständnis und den gleichen Befürchtungen. Als Benjamin Franklin 1752 den Blitzableiter erfand, hielten viele Christen diese Erfindung für einen frevelhaften Eingriff in den göttlichen Machtbereich. Galten nicht Wolken, Blitz, Donner im heidnischen wie biblisch-christlichen Verständnis als Zeichen göttlicher Wirkmacht? In Ps 18 heißt es doch wörtlich: „Da donnerte der Herr im Himmel, . . . er schleuderte seine Blitze."
Viele Christen weigerten sich deshalb, eine „Ketzerspitze" – wie man den Blitzableiter volkstümlich nannte – auf das Dach zu setzen. Der Physiker Lichtenberg, der als erster in Göttingen 1780 auf seinem Gartenhaus einen Blitzableiter anbringen ließ, bemerkte dazu: Daß in den Kirchen gebetet und gepredigt werde, mache deswegen den Blitzableiter nicht unnötig. Er hatte verstanden: Naturwissenschaftliche Erkenntnis und biblischer Gottesglaube geraten nicht in Konkurrenz, wenn sie je ihren sachgemäßen Platz bewahren und wenn

die „Sprachspiele“ beachtet werden, denen die jeweiligen Aussagen angehören.
Heutige Schriftauslegung und Theologie bemühen sich, den umwelt- und zeitbedingten Aussagen der Bibel Rechnung zu tragen und ihre sprachliche Eigenart zu beachten. Gerade so vermögen sie sorgfältiger und überzeugender die eigentliche Botschaft der Bibel zu erheben und ihren unvergänglichen Wert als Hilfe für die Lebensorientierung zu erschließen.

Benutzte und weiterführende Literatur

Dibelius, M.: Die Formgeschichte des Evengeliums. Mohr, Tübingen 4. Aufl. 1961

Lohfink, G.: Jetzt verstehe ich die Bibel. Kathol. Bibelwerk, Stuttgart, 7. Aufl. 1976

Lyons, J.: Einführung in die moderne Linguistik. Beck, München 1971

Martinet, A.: Grundzüge der Allgemeinen Sprachwissenschaft. Kohlhammer, Stuttgart/Berlin/Köln/Mainz, 4. Aufl. 1970

de Pater, W. A.: Theologische Sprachlogik. Kösel, München 1971

Richter, W.: Exegese als Literaturwissenschaft. Vandenhoeck und Ruprecht, Göttingen 1971

Schreiner, J. (Hrsg.): Einführung in die Methoden der biblischen Exegese. Echter, Würzburg 1971

Zimmermann, H.: Neutestamentliche Methodenlehre. Kathol. Bibelwerk, Stuttgart 1967

Inhalt